Magie-Romantik für Anfänger

Die Weisheiten und Geheimnisse des Neptuns

Kontakt: www.HarryEilenstein.de
Harry.Eilenstein@web.de
Harry Eilenstein bei youtube

Herstellung und Verlag: BoD – Books on Demand, Norderstedt

ISBN: 9783754384619

Inhaltsverzeichnis

1. Romantik und Magie?

Romantik und Magie – paßt das eigentlich zusammen? Wenn man den allergrößten Teil der Esoterik und des New Age betrachtet, ist sie oft beisammen … Aber in dieser Kombination fördert diese Kombination nicht unbedingt das klare Urteil, das gut geerdete Weltbild, die entschlossene und effektive Handlung.

Doch es gibt eigentlich keinen Grund dafür, daß Magie nur in Kombination mit völliger Nüchternheit sinnvoll, realitätsnah und effektiv sein kann.

Wenn man mit Menschen spricht, die Magie betreiben, wird man bei ihnen nach einer Weile eigentlich immer auch eine ausgeprägte „romantische Ader" finden. Magie und Romantik scheinen also etwas miteinander zu tun zu haben. Zumindestens auf den ersten Blick hat beides etwas Nebliges, Geheimnisvolles, Unergründliches, Besonderes, Nicht-Alltägliches, Zauberhafte, Wunderbares – Magie ist offenbar einfach schon aus sich heraus romantisch.

Da es sich jedoch kaum bestreiten läßt, daß es in der Magie auch eine große Menge an Irrwegen, Täuschungen, Illusionen, Einbildungen, Realitätsverlust, Psychosen, Halluzinationen, Weltflucht, Weltverbesserung-Engagement, religiöse Träume, Größenwahn, Manipulation und noch vieles mehr gibt, was auch alles nah mit der Romantik verwandt ist, könnte es für den Zauberlehrling und für die angehende Hexe hilfreich sein, sich die Rolle der Romantik in der Magie einmal genauer anzusehen und zu schauen, wo sie das eigene Bestreben möglicherweise hindern könnte und wo sie das eigene Bestreben fördern könnte.

Dieses Buch ist der Versuch, die wesentlichen Aspekte der Romantik in der Magie zu beschreiben.

2. Arten der Romantik

Wenn man ein Dutzend Menschen fragt, was Romantik ist, könnte es sein, daß man ca. 15-20 verschiedene Antworten erhält. Romantik ist offenbar etwas, was nur schwer greifbar ist und was viele verschiedene Aspekte und Erscheinungsformen hat.

Am bekanntesten ist vermutlich die Romantik, die sich auf Liebe und Erotik bezieht. Für diejenigen, die sich danach sehnen, gibt es ein ganzes Meer an Liebesromanen und Liebesfilmen als Ersatz. Gemessen daran, wie gut diese beiden Sparten unserer Kultur gedeihen, muß diese Art der Romantik sehr weit verbreitet sein.

Die zweitwichtigste Form ist vermutlich die Natur-Romantik. In Wald und Feld wandern gehen, ein Urlaub am Meer, nachts am Waldrand den Vollmond anschauen, während man ein Käuzchen rufen hört …

Die Abenteuer-Romantik ist auch noch recht weit verbreitet. Bei ihr geht es ums Erleben, also um aufregende Begegnungen mit Menschen, weite Reisen, gefahrvolle Ereignisse, Taten mit großen Wirkungen und ähnliches.

Bei der Zirkus- und Varieté-Romantik geht es darum, daß eine Illusion aufgebaut wird, daß etwas Besonderes vorgeführt wird, daß eine Geschichte erzählt wird, daß man in fremde Welten eintaucht. Man kann auch die Märchenerzähler aus früheren Zeiten und die heutigen Kinos zu dieser Art von Romantik zählen.

Eine weitere, weit verbreitete Form des Erlebens von fremden Welten ist die Drogen-Romantik, bei der durch die Einnahme von Drogen die normale Welt verändert wird.

Damit eng verwandt sind die Magie, die Traumreisen, die Meditation und ähnliche Methoden, durch die man Dinge erleben kann, die dem naturwissenschaftlichen Weltbild zufolge gar nicht möglich sein sollten.

Eine eher seltene Form ist die schwarze Romantik. In ihr werden alle düsteren Dinge wie Friedhöfe, Totenköpfe, Gespenster, Dämonen, Horrortrips, Horrorvideos, Schwarze Magie, Satanismus und ähnliches kultiviert.

Diese Liste der verschiedenen Formen der Romantik ließe sich noch eine ganze Weile fortführen und auch die bereits genannten Formen der Romantik ließen sich noch weiter differenzieren.

Um der Bedeutung der Romantik für die Magie näherzukommen, wäre es hilfreich, eine Beschreibung der Romantik zu finden, die für alle diese Formen zutrifft. Es gibt eine ganze Reihe von Qualitäten, die allen diesen verschiedenen Formen der Romantik gemeinsam sind:

- Die Romantik ist keine Sache, sondern eher ein Lebensgefühl.

- Die romantische Stimmung wird nur selten durch etwas ganz konkretes Einzelnes ausgelöst, sondern wird eher durch eine komplexe Situation bewirkt (z.B. eine Vollmondnacht an einem stillen Waldsee).

- Die Romantik entsteht, wenn sich die gewohnten Grenzen und Formen zumindestens teilweise auflösen (z.B. die Grenze zu der Geliebten hin).

- In der romantischen Situation weitet sich die eigene Persönlichkeit auf die ganze Situation aus – man erlebt sich als einen Teil eines größeren Ganzen (man taucht z.B. ganz in den Film ein, den man anschaut).

Die Romantik entsteht anscheinend durch eine Auflösung der Grenzen zu anderen Menschen oder zur Natur hin. Die Romantik kann durch Visionen, Filme oder Drogen die Grenze der Realität auflösen.

Der Planet, der in der Astrologie für diese Formen der Grenzauflösung zuständig ist, ist der Neptun, der folglich auch der „Planet der Romantik" ist. Daher führt eine differenzierte Betrachtung des Neptuns näher an das Thema „Magie-Romantik" heran.

3. Neptun

Da die Weitung des Bewußtseins die Dynamik der Romantik ist und der Neptun in der Astrologie genau diese Dynamik repräsentiert, ist es naheliegend, sich den Neptun einmal genauer anzuschauen, um das Wesen der Romantik besser zu verstehen.

a) Neptun allgemein

Neptun ist in der Astrologie das Prinzip der Weitung und somit auch der Grenzauflösung. Solch eine allgemeine Dynamik tritt natürlich in vielen Bereichen auf:

- Die schlichteste Form der Neptun-Aktivität ist der Tagtraum, der eng mit der Phantasie verbunden ist. Das Bewußtsein geht hierbei über die bereits vorhandene Realität hinaus und malt sich auf mehr oder weniger konkrete Weise andere Realitäten aus. Hier gründet auch der Fantasy-Roman.

- Die privatestes Form der Neptun-Prozesse ist die Beziehungs-Symbiose, in der zwei Menschen sich so sehr aufeinander einstellen, daß sie fast wie ein einziges Wesen handeln. In einem gewissen Ausmaß ist das in jeder Familie oder Gemeinschaft auch notwendig – sofern nicht ein Einzelner diese Gruppe weitgehend dominiert. Aus dieser Symbiose sollte jedoch keine Abhängigkeit entstehen.

- Wenn die zwischenmenschliche Symbiose verallgemeinert wird, entsteht das Sozialengagement. Das kann von einer allgemeinen Hilfsbereitschaft bis hin zur Arbeit in der Karitas reichen. Auch hier gilt wieder, daß diese Qualität das Leben in der Gemeinschaft generell für alle einfacher macht – aber eben nur so lange, wie alle in ihrem Sozialengagement ein sinnvolles Maß einhalten.

- Man kann die Symbiose mit einem Menschen über die Symbiose mit der Menschheit auch noch zur Symbiose mit der gesamten Erde ausdehnen. Dann entsteht ein ökologisches, globalisiertes Weltbild und Verhalten. Solch ein Verhalten ist derzeit ausgesprochen wichtig, wenn wir Menschen weiterhin auf dieser Erde leben wollen.

- Die Religion beschreibt den Zusammenhang und den inneren Sinn aller Ereignisse in einem Volk oder auf der Erde insgesamt. Sie stellt eine Deutung des Lebens bereit, in dem der Einzelne ein Teil des Ganzen ist. Dadurch, daß der Einzelne sich als solch ein Teil des Ganzen erlebt, löst er auch hier seine Grenzen zu dem Ganzen hin auf.

- In der Mystik geht der Mensch einen Schritt weiter und bemüht sich, das Innere der Welt, von der er sich als Teil erlebt, auch ganz konkret und bewußt zu erleben. Der Betreffende dehnt also sein Bewußtsein auf die Welt aus.

- Die Meditation ist mit der Mystik weitgehend identisch. Man könnte lediglich sagen, daß man bei dem Überschreiten der Grenzen in der Mystik auf die Einheit hinter der Vielheit (also Gott) ausgerichtet ist, während man in der Meditation eher auf sich selber ausgerichtet ist, also auf den, der seine Grenzen ausweitet.

- Die Magie nutzt die Möglichkeiten der Ausdehnung der Grenzen auf vielfältige Weise für konkrete praktische Ziele. Dies hat zwei Seiten: die Ausweitung der Wahrnehmungsfähigkeit über den eigenen physischen Körper hinaus (Telepathie) sowie die Ausweitung der Handlungsfähigkeit über den eigenen physischen Körper hinaus (Telekinese). Diese beiden Ausweitungen führen natürlich auch zu einem veränderten Selbstverständnis.

- In der Kunst wird das, was allem gemeinsam ist, dargestellt. Die Kunst zeigt Urbilder, während die Darstellung eines konkreten Dinges nur ein Bild ist. Kunst weist auf das Allgemeine hin, was dem Konkreten zugrundeliegt, und ist dadurch bestrebt, das Bewußtsein des Betrachters auf das Allgemeine hin zu weiten.

- Man kann auch mithilfe von Drogen die Grenzen des Alltags auflösen und zu veränderten Wahrnehmungen und Erlebnissen gelangen. Diese Dinge in dem „erweiterten Bewußtsein" können sowohl Inhalte der eigenen Psyche als auch Wahrnehmungen außerhalb der eigenen Psyche und des eigenen Körpers sein.

- Drogen, aber auch einfach die „blühende Phantasie" können die Wirkung haben, daß die verschiedenen Wahrnehmungsbereiche miteinander gekoppelt werden. Dadurch kann man dann Töne sehen, Farben schmecken, Gerüche hören usw., d.h. Wahrnehmungen aus dem Bereich des einen Sinnesorgans werden in die dem entsprechenden Wahrnehmungen eines anderen Sinnesorgans übersetzt. Hier werden die Grenzen zwischen den verschiedenen Sinnesbereichen (vorübergehend) aufgelöst.

- Die Romantik ist die generelle Sehnsucht nach dem Weiten, Tiefen und Bedeutungsvollen, das einen Menschen dazu drängen kann, über die Grenzen des Bekannten hinauszugehen und vom einfachen Bild des Konkreten zum Urbild des Allgemeinen zu gelangen.

- Neptun-Prozesse gibt es auch noch auf einer ganz anderen Ebene: in der Spionage. Bei der Spionage schleust sich ein Spion über Grenze hinweg in ein System ein, zu dem er eigentlich keinen Zutritt hat – auch hier wird eine Grenze aufgelöst und der Spion weitet sein Bewußtsein bzw. sein Wissen auf Dinge aus, die ihm offiziell nicht zugänglich sind.

- Eine andere Form der Grenzauflösung im Bereich des Wissens ist die gezielte Desinformation, bei der durch das Streuen von Gerüchten und falschen Informationen das Bild der Menschen, das sie von einer Situation haben, im Sinne des Desinformanten verändert wird.

- Man kann auch den gesamten Bereich illegaler Tätigkeiten vom Betrug über Diebstahl und Hehlerei bis zum Drogenhandel zu den Neptun-Bereichen rechnen – zumindestens der Aspekt, daß dabei etwas getan wird, was die Grenzen des kollektiv als richtig und gesetzeskonform Erachtete überschritten wird.

- Neptun-Prozesse treten in der Natur an vielen Stellen auf: 1. bei der biologischen Fäulnis (die gesamten Pilze, Parasiten, Flechtenbildung usw.), 2. bei chemischen Zersetzungen (Verdauung, Auflösung in Wasser, Kochen usw.) und 3. bei physikalischen Auflösungen (Erosion, Sedimentbildung, Rosten usw.).

- Solche Auflösungsprozesse gibt es auch im sozialen Bereich: Lügen, Vortäuschungen, Unterschlagungen, Betrug, Verheimlichungen – hier gibt es eine große Vielfalt von Aktionen, durch die Wirklichkeit verschleiert, entstellt und sonstwie verändert wird. Auch dies ist eine Grenzauflösung der Realität, da es bei den Beteiligten ein Bild der Wirklichkeit entstehen läßt, das nicht der Realität entspricht.

- Im psychischen Bereich führt ein Mangel an klaren Grenzen, also eine Grenzauflösung aus Angst oder Sucht, dazu, daß man die Gefühle, Probleme,

Krankheitssymptome und sogar die Krankheiten selber von anderen über-nimmt. Man ist zu weit offen, was in der Regel schließlich zum Burnout und möglicherweise auch zu Depressionen führt.

- Im Bereich der Gesundheit führen unfreiwillige Grenzauflösungen zu Infektionskrankheiten, Freßsucht, Magersucht, Drogensüchte, Fäulnisprozes-sen, Karies, Parodontose und ähnlichem.

- Die beiden Grundprinzipien bei den aufbauenden Neptun-Prozessen sind die Kombination von Vertrauen (das Ganze trägt den Einzelnen) und Verant-wortung (der Einzelne trägt das Ganze). Durch diese beiden Elemente kann eine Grenze auf konstruktive Weise aufgelöst werden.

- Schließlich gibt es noch eine Reihe von neptunischen Methoden, mit deren Hilfe die neptunischen Probleme in der Psyche (leidvolle Symbiosen, Abhän-gigkeit, nachhaltige Prägungen usw.) aufgelöst werden können: Therapie, Familienaufstellungen, Traumreisen, Visionssuche, Erkennen der eigenen Seele usw.

- Die kollektive magisch-mystische Methode der Selbstheilung und der Selbstfindung sind die Mysterien. In ihnen wird die Grenze zwischen der Psyche und der Seele (das, was sich inkarniert hat) aufgelöst, wodurch der Betreffende seine Identität erkennt.

- Ein letztes Neptun-Phänomen, das hier noch erwähnt werden soll, ist der Wunsch nach einer spirituell-magischen Gemeinschaft, in der man sich selber als Teil eines Ganzen erleben kann: Ashrams, Magier-Orden, Sekten usw.

Alle diese Neptun-Phänomene erscheinen in der Regel gemeinsam, da sie eben allesamt ein Ausdruck der Neptun-Qualität des Grenzauflösung sind. Natürlich erscheinen nicht alle diese Phänomene immer in gleichem Maße und in gleicher Intensität, aber die meisten von ihnen lassen sich bei Neptun-geprägten Menschen ohne allzu große Mühe finden.

Da es in der Magie darum geht, die eigene Wahrnehmungsfähigkeit und die eigene Handlungsfähigkeit über die Grenzen des eigenen physischen Körpers hinaus auszudehnen, sind die Magier im Allgemeinen „Neptuniker" und man kann auch bei ihnen künstlerische Neigungen, Sozialengagement, Drogen-Experimente, Täu-schungsmanöver, symbiotische Beziehungen, ökologisches Engagement usw. finden.

Magier sind also Magier, weil sie Grenzen auflösen. Folglich sind Magier auch Romantiker, da die Romantik davon lebt, daß man die Grenze vom konkreten Bild zum allgemeinen Urbild hin auflöst. Diejenigen, die eine ausgeprägte romantische Ader haben und diese auch bei jeder sich bietenden Gelegenheit ausleben, haben somit die größte Chance, auch ein Magier zu werden.

b) Neptun in den Tierkreiszeichen

Da dies kein Astrologie-Buch werden soll, sondern nur die Bedeutung des Neptun (und somit auch der Romantik) für die Magie darlegen soll, sind die folgenden Beschreibungen recht kurz gefaßt.

Neptun im Widder:
Die Grenzen werden spontan und vollständig aufgelöst.
Kunst ist der Ausdruck des Augenblicks.
Man hilft anderen dann, wenn es nötig ist.
Magie geschieht aus dem Hier und Jetzt heraus im Hier und Jetzt.

Neptun im Stier:
Die Grenzen werden stückweise so aufgelöst, daß der innere Bereich, in dem sich das Genußvolle befindet, immer größer wird.
Kunst ist die Substanzwerdung dessen, was als Ahnung des Genußvollen erfaßt wird.
Man hilft, indem man Kleidung, Speise und Wohnung gibt.
Magie ist die Verankerung des Unsichtbaren an Sichtbarem durch den Fetisch-Priester.

Neptun in den Zwillingen:
Die Grenzen werden spielerisch-neugierig geweitet und wieder verengt.
Kunst ist das fröhliche Jonglieren mit kreativen Möglichkeiten.
Man hilft, indem man Notleidenden neue Möglichkeiten zeigt.
Magie ist das Öffnen von Möglichkeiten, die man zuvor noch nicht gesehen hat.

Neptun im Krebs:
Die Grenzen werden immer weiter in das Fremde hinaus ausgeweitet, das dadurch zu etwas Vertrautem wird.
Kunst ist die Erschaffung von äußeren Spiegelbildern der inneren Bilder.
Man hilft, indem man emotionale Anteilnahme zeigt und ein wenig Wärme und Geborgenheit gibt.
Magie ist die Ausweitung des Innenraumes und der Verwandtschaft auf immer größere Bereiche, die dann mitgelenkt werden können.

Neptun im Löwe:

Die Grenzen werden ausgeweitet, wodurch der Bereich, der zu dem Ich gehört und von ihm gestaltet und gelenkt wird, immer größer wird.

Kunst ist Selbstausdruck und Selbstdarstellung.

Man hilft, indem man Hilfe zur Selbsthilfe anbietet.

Magie ist die Ausweitung des Selbstausdrucks auf immer größere Bereiche.

Neptun in der Jungfrau:

Die Grenzen werden vorsichtig und manchmal auch nur probeweise erweitert.

Kunst ist die handwerklich-detailgetreue Darstellung von umfassenden, allgemeingültigen Erkenntnissen.

Man hilft, indem man erklärt, Möglichkeiten aufweist und bei deren Umsetzung anleitet.

Magie ist ein Handwerk, das auf der Kenntnis der Welt beruht und diese Kenntnis mit Geschick zum eigenen Nutzen anwendet.

Neptun in der Waage:

Die Grenzen werden in harmonischer Weise ausgeweitet, wodurch ein immer größerer Bereich entsteht, in dem die Dinge einen Bezug zueinander haben.

Kunst ist die Erschaffung des in Schönheit erstrahlenden Urbildes aller realen Dinge.

Man hilft, indem man den Betreffenden an der Hand nimmt und ein stückweit mit ihm geht.

Magie entsteht durch den Kontakt zur Lebenskraft, zu den Ahnen und zu den Gottheiten.

Neptun im Skorpion:

Die Grenzen werden in Form einer Verwandlung und Intensivierung aufgelöst.

Kunst ist die drastische Darstellung der intensivsten und am stärksten alles verändernden Impulse und Erlebnisse.

Man hilft, indem man eine heilende Krise in Gang setzt.

Magie entsteht durch das Aufbauen einer Spannung, einer Intensität und einer zielgerichteten, verwandelnden Entladung.

Neptun im Schützen:

Die Grenzen werden zu einem Ideal hin aufgelöst.

Kunst ist ein Mittel, um die Menschen dazu zu mobilisieren, ihr Leben zu verbessern.

Man hilft, indem man dem Betroffenen seine Ideale bewußt macht und ihm den Mut gibt, sie auch anzustreben.

Magie ist die innere Kraft, die dazu führt, daß Ideale mithilfe der unsichtbaren Verbündeten erreicht werden können.

Neptun im Steinbock:

Die Grenzen werden langsam und sachlich und mit Blick auf die Bewahrung des Fundamentes aufgelöst.

Kunst ist die regelkonforme Gestaltung eines Abbildes der Schöpfung.

Man hilft, indem man die offiziellen Möglichkeiten und Wege nutzt.

Magie entsteht durch das Befolgen der bewährten, traditionellen Anleitungen.

Neptun im Wassermann:

Die Grenzen werden mithilfe eines Konzeptes und eines Masterplans hin zu der Verwirklichung einer Utopie erweitert.

Kunst ist das anschauliche und inspirierende Erfassen und Verkünden der größtmöglichen Utopie.

Man hilft, indem man den Betreffenden in den eigenen Verein aufnimmt.

Magie ist die Kraft, mit der die Utopie dem nach ihr Strebenden entgegenkommt.

Neptun in den Fischen:

Die Grenzen werden rein intuitiv und im Mitschwimmen im Strom des Lebens erweitert.

Kunst ist das Schwimmen und Gestalten im Fluß der Ereignisse.

Man hilft weitgehend konzeptlos so, wie es sich gerade aus dem, was da ist, ergibt.

Magie ist in allem.

c)   Neptun in den astrologischen Häusern

Man kann auch schauen, in welchem Lebensbereich sich der Neptun bei einem bestimmten Menschen zeigt, d.h. in welchem der zwölf Häuser seines Horoskopes er steht. Dies ist der Bereich, in dem der Betreffende die Weitung und Grenzauflösung des Neptuns lebt.

Neptun im 1. Haus:
Man sieht alles aus der Perspektive des Neptuns, weil der Neptun stets im Hier und Jetzt präsent ist.

Neptun im 2. Haus:
Die Grenzen des Besitzes werden aufgelöst: Man nimmt sich, was man braucht; einem fließt zu, was man braucht; man gibt anderen, was sie brauchen; Besitz ist ist nicht privat, sondern Gemeingut.

Neptun im 3. Haus:
Man öffnet die Tore für neue Begegnungen, für neue Erlebnisse, für neue Erkenntnisse, für neue Möglichkeiten.

Neptun im 4. Haus:
Man weitet den Kreis der eigenen leiblichen Familie auf Freunde, Bekannte und manchmal auch auf Fremde aus, da man letztlich alle Menschen als eine große Familie erlebt.

Neptun im 5. Haus:
Man will sich selber in allem, was man tut, in die Welt hinein ausweiten und ausdrücken – insbesondere in der Kunst, im Sozialengagement, in der Magie und in der Meditation, aber letztlich in jeder Handlung.

Neptun im 6. Haus:
Man heilt mit dem Unsichtbaren, also mit Kunst, Homöopathie, Lebenskraft, Magie, Meditation und ähnlichem.

Neptun im 7. Haus:
Man sucht nach der symbiotischen Beziehung, in der man völlig miteinander verschmilzt, wobei man eine Vorliebe für ausgefallene Charaktere hat.

Neptun im 8. Haus:

Man strebt nach grenzauflösenden Verwandlungen, die das Lebensgefühl steigern und verändern und neue Horizonte eröffnen.

Neptun im 9. Haus:

Je weiter der Horizont, je ferner die Ziele, je höher die Ideale, desto besser – und je mehr Menschen man dafür begeistern kann, desto lieber.

Neptun im 10. Haus:

Alle Weitung sucht nach einer festen, offiziellen Form, durch die sie fest verankert wird und Bestand erlangen kann.

Neptun im 11. Haus:

Die Weltsicht weitet sich, der betrachtete Entwicklungsbogen wird immer größer, die Utopie immer strahlender und das eigene Engagement auf dem Weg zu dieser Utopie wird immer umfassender.

Neptun im 12. Haus:

Man ist mit allem verbunden, wodurch ein allgemeiner Altruismus entsteht, der an allem Anteil nimmt und allem die helfende Hand reicht – und der auch die helfende Hand der anderen ergreift.

d) Neptun-Aspekte

Die Aspekte des Neptuns zeigen, mit welchen anderen Planeten der Neptun auf welche Weise zusammenarbeitet.

Wie die anderen Astrologie-Kapitel in diesem Buch dient auch diese Betrachtung vor allem dazu, die vielen Möglichkeiten der Dynamik des Neptuns in einem Horoskop zu verdeutlichen – die auch der Vielfalt der möglichen Arten von Romantik entsprechen.

Mond – Neptun

Bei einer <u>Konjunktion</u> erlebt man keinen Unterschied zwischen dem Bild und dem Urbild. Der Neptun löst die Grenzen der inneren Bildern auf, sodaß sie Teil der allgemeinen Bilder werden; die Wahrnehmung wird zu Telepathie; das individuelle Unterbewußtsein wird zum kollektiven Unterbewußtsein; der Kontakt wird zur Symbiose …

Bei einer <u>Opposition</u> wechselt man zwischen Bild und Phantasie, zwischen Kontakt und Symbiose rhythmisch hin und her. Beides schafft Nähe, aber der Mond zu dem einzelnen und der Neptun zur Welt. Daher wechselt man zwischen der Ausrichtung auf das Du und der Ausrichtung auf die Welt hin und her – das kann wie ein Atemrhythmus sein.

Bei einem <u>Trigon</u> gehen zwei nah verwandte Eigenschaften eine Freundschaft ein und unterstützen sich jederzeit gegenseitig: Nähe wird zur Symbiose, Bilder werden zu Urbildern, und Verständnis wird zu Telepathie.

Bei einem <u>Sextil</u> unterstützen sich zwei Planeten in Tierkreiszeichen mit verschiedenen, aber ähnlichen Eigenschaften gelegentlich gegenseitig: Die Nähe hat die Möglichkeit, sich zur Symbiose und zur mühelosen Telepathie zu steigern, und die Grenzauflösung hat die Möglichkeit, zu einem weiten Familien- und Heimatgefühl zu werden.

Bei einem <u>Quadrat</u> prüft man in jeder Situation stets aufs Neue, welche der beiden Eigenschaften man einsetzen will – und die andere Eigenschaft hält sich vollständig raus: Bild oder Urbild, Geborgenheit im Konkreten oder Geborgenheit im Allgemeinen, Wärme oder Kunst.

Bei einem <u>Quincunx</u> stellen Nähe und Grenzauflösung immer wieder aufs Neue die Ordnung und die Spannung her. Das führt zu der Frage, wo man in der Nähe Grenzen setzt und wo nicht – und wie man bestehende Grenzen auflöst … und wie man überhaupt mit dem ständigen Zerfließen und Neugestalten der Begegnungen umgeht. Auch die Frage, wie man die Nähe mit der Kunst, der Religion und der Ökologie in Einklang bringen kann, stellt sich immer wieder aufs Neue.

Bei einem <u>Halbsextil</u> drängen entweder Nähe oder Grenzauflösung auf eine Weiterentwicklung zu der jeweils anderen Qualität. Dadurch wird entweder die Nähe erweitert (Mond => Neptun) oder es entsteht aus der Kunst, dem Sozialengagement, der Ökologie oder der Religion heraus ein neuer Kontakt (Neptun => Mond).

<u>Merkur – Neptun</u>

Bei einer <u>Konjunktion</u> erlebt man keinen Unterschied zwischen Denken und Ahnen. Es genügt einem, Eindrücke zu haben, sich an vagen Vorstellungen zu orientieren, ein paar Bruchstücke zu erfahren – und kann sich damit traumwandlerisch zurechtfinden.

Bei einer <u>Opposition</u> wechselt man zwischen Logik und Phantasie, zwischen Verstand und Grenzauflösung rhythmisch hin und her. Man wird von etwas angesprochen und erlebt sich selber als damit verbunden – daraufhin schaut sich diese Dinge genau und analysiert sie auf distanzierte Weise, um dann wieder eine Symbiose mit ihnen einzugehen.

Bei einem <u>Trigon</u> gehen zwei nah verwandte Eigenschaften eine Freundschaft ein und unterstützen sich jederzeit gegenseitig: Der Verstand tastet sich durch Ahnungen schlafwandlerisch-sicher zum Ziel. Kunst, Ökologie, Soziales und Religion werden logisch untersucht und formuliert.

Bei einem <u>Sextil</u> unterstützen sich zwei Planeten in Tierkreiszeichen mit verschiedenen, aber ähnlichen Eigenschaften gelegentlich gegenseitig: Der Verstand hat die Möglichkeit, sich das Gespür für die Situation zu Hilfe zu holen, und alles Grenzauflösende hat die Möglichkeit, sich durch Worte anderen verständlich zu machen.

Bei einem <u>Quadrat</u> prüft man in jeder Situation stets aufs Neue, welche der beiden Eigenschaften man einsetzen will – und die andere Eigenschaft hält sich vollständig raus: Begriff oder Phantasie, Geometrie oder Kunst, Wissen oder Ahnen.

Bei einem <u>Quincunx</u> stellen Verstand und Phantasie immer wieder aufs Neue die Ordnung und die Spannung her. Das führt zu einem Gemisch von Logik und Ahnungen, das man vor allem in der Kunst, im Sozialen, in der Religion und in der Ökologie anwendet. Ab und zu ist es jedoch notwendig, auch die Ahnungen in klare Worte zu fassen, was nicht immer ganz so einfach ist.

Bei einem <u>Halbsextil</u> drängen entweder der Verstand oder die Phantasie auf eine Weiterentwicklung zu der jeweils anderen Qualität. Dadurch wird entweder der Verstand zu Ahnungen (Merkur => Neptun) oder die Ahnungen zu rationalen Argumenten (Neptun => Merkur).

Venus – Neptun

Bei einer <u>Konjunktion</u> erlebt man keinen Unterschied zwischen Gefühlen und Grenzauflösung, da sich alle Gefühle in die Weite ausdehnen und kein begrenzendes Maß haben – und da man bei jeglicher Grenzauflösung wie in der Magie, der Mystik dem Sozialengagement, der Kunst, der Ökologie stets von den eigenen Gefühlen getragen wird.

Bei einer <u>Opposition</u> wechselt man zwischen Gefühl und Phantasie, zwischen Bewertung und Anteilnahme rhythmisch hin und her. Liebe und die künstlerische Darstellung der Liebe wechseln sich ab, ebenso das Streben nach Schönheit und das Streben nach Weitung des Bewußtseins und auch die individuelle Zuneigung und das allgemeine soziale Engagement.

Bei einem <u>Trigon</u> gehen zwei nah verwandte Eigenschaften eine Freundschaft ein und unterstützen sich jederzeit gegenseitig: Gefühle sind das Tor zu der Weite der Welt; Gefühle sind der Zugang zur Kunst, zu Gemeinschaften, zur Religion und zur Ökologie. Andererseits führt das Erleben der Verbundenheit mit dem Ganzen stets zu Gefühlen: Der Kontakt zur Welt ist Gefühl – Bhakti-Yoga …

Bei einem <u>Sextil</u> unterstützen sich zwei Planeten in Tierkreiszeichen mit verschiedenen, aber ähnlichen Eigenschaften gelegentlich gegenseitig: Die individuelle Liebe hat die Möglichkeit, zu einer allgemeinen Menschenliebe zu werden, und diese Verbundenheit mit dem Ganzen kann sich auch zu einem Gefühl für einen Einzelnen konkretisieren.

Bei einem <u>Quadrat</u> prüft man in jeder Situation stets aufs Neue, welche der beiden Eigenschaften man einsetzen will – und die andere Eigenschaft hält sich vollständig raus: Gefühl oder Ahnung, Liebe oder Kunst, Vorlieben oder Ökologie.

Bei einem <u>Quincunx</u> stellen Gefühl und Phantasie immer wieder aufs Neue die Ordnung und die Spannung her. Das führt manchmal zu Tagträumen von Gefühlen oder Beziehungen, die real gar nicht vorhanden sind – sowohl Sehnsüchten als auch Ängsten. Hier wird die Unterscheidung von Träumen und Realität gebraucht – und die Suche nach einem sinnvollen nächsten Schritt, um der Verwirklichung der Träume näher zu kommen.

Bei einem <u>Halbsextil</u> drängen entweder das Gefühl oder das Grenzauflösen auf eine Weiterentwicklung zu der jeweils anderen Qualität. Dadurch wird entweder das individuelle Gefühl zu allgemeinen Gefühlen geweitet, d.h. die Liebe zu einem konkreten Menschen wird zu allgemeiner Menschenliebe (Venus => Neptun) oder man engt diese allgemeinen Gefühle zu einem konkreten Gefühl ein und konkretisiert sie dadurch (Neptun => Venus).

Sonne – Neptun

Bei einer <u>Konjunktion</u> erlebt man keinen Unterschied zwischen Identität und Weitung: Man erlebt sich in der Kunst, im Sozialengagement, in der Meditation in der Ökologie … Das Ich ist ein Tropfen in einem grenzenlosen Meer und es ist zwar real, aber verfügt über keine abgegrenzte Identität … man unterscheidet nur geringfügig zwischen sich selber und dem Rest der Welt …

Bei einer <u>Opposition</u> wechselt man zwischen Zentrum und Grenzauflösung, zwischen Selbstausdruck und Anteilnahme rhythmisch hin und her. Hier lösen Egois-mus und Altruismus einander ab – man ist mal auf das eigene Wohlergehen und mal auf das Wohlergehen der Gemeinschaft ausgerichtet. Wie immer bei einer Opposition ist der harmonische Rhythmus, der dafür sorgt, daß beide Bereiche in etwa dieselbe Aufmerksamkeit erhalten, der wesentliche Punkt.

Bei einem <u>Trigon</u> gehen zwei nah verwandte Eigenschaften eine Freundschaft ein und unterstützen sich jederzeit gegenseitig: Das Ich wird als Teil des Ganzen erlebt, als Teil des Kontinuums, als Tropfen im Meer, als Welle im Fluß des Lebens – man ist mit allem verbunden und hat keine Existenz und Individualität in sich selber, sondern man existiert nur als ein Teil des Ganzen, das das eigentlich Reale ist. Man ist Gemeinschaft, Spiritualität, Kunst, Ökologie …

Bei einem <u>Sextil</u> unterstützen sich zwei Planeten in Tierkreiszeichen mit verschiedenen, aber ähnlichen Eigenschaften gelegentlich gegenseitig: Der Egoismus hat die Möglichkeit, sich zum Altruismus zu weiten, und das Verbundenheitsgefühl mit dem Ganzen hat die Möglichkeit, zum Selbstausdruck zu werden.

Bei einem <u>Quadrat</u> prüft man in jeder Situation stets aufs Neue, welche der beiden Eigenschaften man einsetzen will – und die andere Eigenschaft hält sich vollständig raus: Egozentrik oder Grenzauflösung, Selbstdarstellung oder Kunst, Selbstausdruck oder sozialverträgliches Verhalten.

Bei einem <u>Quincunx</u> stellen Zentrierung und Grenzauflösung immer wieder aufs Neue die Ordnung und die Spannung her. Das führt zu letztlich zu dem Erlebnis, daß man zwar eine Qualität, aber keine Grenze hat – ein Erlebnis, das bei fortgeschritteneren Meditationen auftritt. Es ist die Suche nach dem, was man innerhalb des Ganzen ist.

Bei einem <u>Halbsextil</u> drängen entweder der Selbstausdruck oder die Grenzauflösung auf eine Weiterentwicklung zu der jeweils anderen Qualität. Dadurch weicht entweder der Selbstausdruck der Weitung (Sonne => Neptun) oder die Wahrnehmung der Allverbundenheit engt sich auf eine Egozentrik ein (Neptun => Sonne).

Mars – Neptun

Bei einer <u>Konjunktion</u> erlebt man keinen Unterschied zwischen Tat und Grenzauflösung, was bedeutet, daß man stets in Hinblick auf das Ganze handelt und daß man jegliches künstlerische, soziale, religiöse oder ökologische Engagement stets als Taten, also Kraftausdruck erlebt – man tut etwas, was in Bezug zum Ganzen steht.

Bei einer <u>Opposition</u> wechselt man zwischen Tat und Phantasie, zwischen Kraft und Anteilnahme rhythmisch hin und her. Aggression und Altruismus lösen hier einander ab: die Tatkraft und das Mitgefühl, die Sexualität und die Kunst, das Begehren und die Ökologie, die Wut und die Religion … und beides befruchtet sich stets gegenseitig.

Bei einem <u>Trigon</u> gehen zwei nah verwandte Eigenschaften eine Freundschaft ein und unterstützen sich jederzeit gegenseitig: Das Handeln folgt dem Gespür für den sinnvollsten Weg, den man mehr erahnt als wirklich kennt. Jegliche Mystik, Kunst, Sozialengagement und Religion will Tat werden.

Bei einem <u>Sextil</u> unterstützen sich zwei Planeten in Tierkreiszeichen mit verschiedenen, aber ähnlichen Eigenschaften gelegentlich gegenseitig: Die Tatkraft hat die Möglichkeit, sich zu einem altruistischen Handeln zu weiten, und die Sexualität kann durch die Erweckung der Kundalini und durch Tantra-Yoga zur Erleuchtung führen; und andererseits hat das Sozialengagement, die Spiritualität, die Ökologie und die Kunst durch die Tatkraft die Möglichkeit, zu einer großen Wirkung zu gelangen und die Welt zu verändern.

Bei einem <u>Quadrat</u> prüft man in jeder Situation stets aufs Neue, welche der beiden Eigenschaften man einsetzen will – und die andere Eigenschaft hält sich vollständig raus: sexuelles Begehren oder symbiotische Liebe, Triebe oder soziale Rücksichtnahme, Geilheit oder Kunst.

Bei einem <u>Quincunx</u> stellen Tatkraft und Phantasie immer wieder aufs Neue die Ordnung und die Spannung her. Das führt manchmal dazu, daß man sich für sein soziales, religiöses, künstlerisches oder ökologisches Engagement zu sehr auspowert – das sollte man vermeiden und sein Kräfte-Niveau genauso wichtig nehmen wie das eben genannte Engagement. Und man sollte auch dem einfachen Kraft-Genießen in Lachen, Tanz und Sex genügend Raum im eigenen Leben geben.

Bei einem <u>Halbsextil</u> drängen entweder die Tatkraft oder die Wunschträume auf eine Weiterentwicklung zu der jeweils anderen Qualität. Dadurch weicht entweder die Tatkraft dem Tagträumen, das durchaus produktiv sein kann, (Mars => Neptun) oder die Phantasie verdichtet sich zu konkreten Taten (Neptun => Mars).

Jupiter – Neptun

Bei einer <u>Konjunktion</u> erlebt man keinen Unterschied zwischen Organisation und Grenzauflösung. Man sucht stets allgemeingültige Werte und Ziele und man organisiert stets für alle; man will die allumfassende Gemeinschaft entstehen lassen.

Bei einer <u>Opposition</u> wechselt man zwischen Ziel und Anteilnahme, zwischen Organisation und Grenzauflösung rhythmisch hin und her. Finanzierung und Kunst lösen sich hier einander ab und ebenso Management und karitatives Engagement, Gemeinschafts-Organisation und spirituelles Streben, Selbstversorgung und Ökologie usw.

Bei einem <u>Trigon</u> gehen zwei nah verwandte Eigenschaften eine Freundschaft ein und unterstützen sich jederzeit gegenseitig: Wenn man etwas organisiert, weitet sich dies stets zu einer Verbesserung der allgemeinen Lage und nicht nur der eigenen Situation. Man hat die Gabe, alle sozialen, religiösen, ökologischen und künstlerischen Ziele mithilfe des eigenen Management-Fähigkeit zu verwirklichen.

Bei einem <u>Sextil</u> unterstützen sich zwei Planeten in Tierkreiszeichen mit verschiedenen, aber ähnlichen Eigenschaften gelegentlich gegenseitig: Das Organisieren hat die Möglichkeit, auch allgemein wünschenswerte Ziele zu verfolgen, und der Gemeinschaftswunsch, die Kunst, die Religion und die Ökologie haben die Möglichkeit, sich durch das Gestalten von Systemen und Organisationen zu verwirklichen.

Bei einem <u>Quadrat</u> prüft man in jeder Situation stets aufs Neue, welche der beiden Eigenschaften man einsetzen will – und die andere Eigenschaft hält sich vollständig raus: Gemeinschaft oder Spiritualität, System-Organisation oder Kunst, Unternehmens-Erfolg oder ökologisch korrektes Verhalten.

Bei einem <u>Quincunx</u> stellen Ideale und Traumbilder immer wieder aufs Neue die Ordnung und die Spannung her. Das führt zu der Gefahr, daß man Unmögliches anstrebt – man muß bei allen Vorhaben schauen, wie man es angehen will und was der effektivste Weg ist … wobei man durchaus auch einmal Magie zuhilfe nehmen kann.

Bei einem <u>Halbsextil</u> drängen entweder die Lebensorganisation oder die Grenzauflösung auf eine Weiterentwicklung zu der jeweils anderen Qualität. Dadurch weicht entweder das Ideal dem Eintauchen in das Erlebnis des Einsseins mit dem Ganzen (Jupiter => Neptun) oder man kehrt von der Weite der Phantasie zu dem Organisieren des Alltags zurück (Neptun => Jupiter).

Saturn – Neptun

Bei einer <u>Konjunktion</u> erlebt man keinen Unterschied zwischen der Grenze und der Grenzauflösung. Das Auflösen der Grenze wird zum System, zum Fundament – man will das Bestehende durch Kunst, Religion, Sozialengagement und Ökologie weiten, da man nur die allumfassende, abgrenzungslose Weite als das eigentliche Fundament aller Dinge erlebt.

Bei einer <u>Opposition</u> wechselt man zwischen Form und Phantasie, zwischen Fundament und Grenzauflösung rhythmisch hin und her. Hier lösen Tradition und freie Kunst einander ab und ebenso staatliche Fürsorge und individuelle Hilfe, offizielle Regelungen und ökologisches Engagement, religiöse Vorschriften und eigenes spirituelles Erleben.

Bei einem <u>Trigon</u> gehen zwei nah verwandte Eigenschaften eine Freundschaft ein und unterstützen sich jederzeit gegenseitig: Sozialengagement, Religion, Ökologie und Kunst brauchen eine feste Form, um gedeihen zu können, sie brauchen Regeln, um wachsen zu können, und Gesetze, um real werden zu können. Die Phantasie wird zu Geschichte, der Tagtraum zu Realität, die Magie zu Alltag.

Bei einem <u>Sextil</u> unterstützen sich zwei Planeten in Tierkreiszeichen mit verschiedenen, aber ähnlichen Eigenschaften gelegentlich gegenseitig: Die festen Formen haben die Möglichkeit, dem spirituellen, sozialen, ökologischen und künstlerischen Streben einen Halt und ein Fundament zu geben, und diese Bestrebungen können ihrerseits die bestehenden Formen weiterentwickeln und lebendig werden lassen – die Mystik und die Magie als Anregung zur Evolution der Religion.

Bei einem <u>Quadrat</u> prüft man in jeder Situation stets aufs Neue, welche der beiden Eigenschaften man einsetzen will – und die andere Eigenschaft hält sich vollständig raus: Religion oder Mystik, Tradition oder Kunst, Vorschrift oder Ahnung.

Bei einem <u>Quincunx</u> stellen Festes und Phantasie immer wieder aufs Neue die Ordnung und die Spannung her. Das führt zu der Frage, welche Regeln dem Erreichen des übergeordneten Zieles dienlich sind. Hier sind weder die vollkommene Selbstaufopferung des Neptuns noch das harte Beharren auf dem Altbewährten des Saturns förderlich, sondern die ständige Weiterentwicklung der allgemein festgelegten Rahmenbedingungen.

Bei einem <u>Halbsextil</u> drängen entweder die Lebenserfahrung oder die Phantasie auf eine Weiterentwicklung zu der jeweils anderen Qualität. Dadurch weicht entweder die Suche nach Sicherheit dem Wunsch nach Weite (Saturn => Neptun) oder man verliert das Interesse an der Weite und kehrt zu dem Altbewährten zurück (Neptun => Saturn).

Uranus – Neptun

Bei einer <u>Konjunktion</u> erlebt man keinen Unterschied zwischen Intuition und Ahnung: Die plötzliche Idee führt zu einer Weitung des Horizonte; der spontane Kontakt führt zur Symbiose; Kunst ist stets Ausdruck im Augenblick; Religion ist Erleben der Welt im Hier und Jetzt; soziales Engagement kann nur dort geschehen, wo gerade eine Not auftritt; und Ökologie ist das Helfen an dem Ort, wo gerade eine Krise auftritt.

Bei einer <u>Opposition</u> wechselt man zwischen Spontanität und Anteilnahme, zwischen Intuition und Phantasie rhythmisch hin und her. Das Neue führt dazu, daß man seinen Blick auf das Ganze ändert – und der veränderte Blick auf das Ganze führt wiederum zu neuen Entdeckungen. Das, was sich hier ablöst, sind der Sprung über den Abgrund zu einem ganz bestimmten Ort und das Hineinspüren in das Ganze, also das einzelne Unerwartete und das Mitschwingen mit dem Ganzen.

Bei einem <u>Trigon</u> gehen zwei nah verwandte Eigenschaften eine Freundschaft ein und unterstützen sich jederzeit gegenseitig: Die Intuition weitet die ahnende Wahrnehmung; die Phantasie ermöglicht neue Ideen. Daher stellt die Kunst Neues dar, entwickeln sich Gemeinschaften sprunghaft weiter, ist Ökologie ein Einstellen auf immer neue Situationen, ist Gottes Handeln unvorhersehbar.

Bei einem <u>Sextil</u> unterstützen sich zwei Planeten in Tierkreiszeichen mit verschiedenen, aber ähnlichen Eigenschaften gelegentlich gegenseitig: Die Intuition hat die Möglichkeit, das Tor zum Erspüren des Ganzen zu öffnen, und das Grenzauflösende läßt die Möglichkeit entstehen, Neues zu entdecken.

Bei einem <u>Quadrat</u> prüft man in jeder Situation stets aufs Neue, welche der beiden Eigenschaften man einsetzen will – und die andere Eigenschaft hält sich vollständig raus: Intuition oder Ahnung, Spontanität oder Phantasie, Neuheit oder Anteilnahme.

Bei einem <u>Quincunx</u> stellen Intuition und Phantasie immer wieder aufs Neue die Ordnung und die Spannung her. Das führt zu der Frage, wie man die Freude am Neuen und die Verbundenheit mit dem Ganzen zu einem kreativen Ganzen zusammenfügen kann.

Bei einem <u>Halbsextil</u> drängen entweder die Intuition oder die Phantasie auf eine Weiterentwicklung zu der jeweils anderen Qualität. Dadurch weicht entweder der Wunsch nach Neuem dem Bedürfnis nach einer weiten Verbundenheit mit dem Ganzen (Uranus => Neptun) oder man verliert das Interesse an der Weitung und will lieber einfach etwas Neues erleben (Neptun => Uranus).

Pluto – Neptun

Bei einer <u>Konjunktion</u> erlebt man keinen Unterschied zwischen Grenzauflösung und Wesentlichem, da die Grenzauflösung das Wesentliche ist. Wie sonst sollte Kunst Tiefe erlangen können, die Menschen-Gemeinschaft in Frieden leben könne, Gott als Schöpfer erfaßt werden können, Ökologie funktionieren können?

Bei einer <u>Opposition</u> wechselt man zwischen Phantasie und Existentiellem, zwischen Symbiose und Erfassen der Essenz rhythmisch hin und her. Die Besinnung auf das Wesentliche führt dazu, daß man nach einer Weile in das Ganze hineinspürt, das aus dem Wesentlichen heraus entstanden ist. Ebenso beginnt man, wenn man in das Ganze hineinspürt, nach einer Weile nach der gemeinsamen Wurzel aller Teile des Ganzen zu suchen. Dadurch entsteht ein Rhythmus zwischen der Essenz und dem Ganzen, das aus dieser Essenz heraus entstanden ist.

Bei einem <u>Trigon</u> gehen zwei nah verwandte Eigenschaften eine Freundschaft ein und unterstützen sich jederzeit gegenseitig: Das Spüren in die Welt ermöglicht das Erfassen ihrer Wurzeln und des Samens, aus dem sie entsprungen sind. Gemeinschaft, Mystik, Kunst, Ökologie und jegliche Form der Grenzauflösung werden zu den grundlegenden Bestandteilen des Lebens.

Bei einem <u>Sextil</u> unterstützen sich zwei Planeten in Tierkreiszeichen mit verschiedenen, aber ähnlichen Eigenschaften gelegentlich gegenseitig: Die Auflösung der Grenzen kann zu der Möglichkeit führen, das Wesentliche sichtbar werden zu lassen, und das Wesentliche kann sich in Ahnungen zeigen.

Bei einem <u>Quadrat</u> prüft man in jeder Situation stets aufs Neue, welche der beiden Eigenschaften man einsetzen will – und die andere Eigenschaft hält sich vollständig raus: Mystik oder Magie, Eingebung oder Metamorphose, allmähliche Weiterentwicklung oder Neuschöpfung.

Bei einem <u>Quincunx</u> stellen Grenzauflösung und Wesentliches immer wieder aufs Neue die Ordnung und die Spannung her. Das führt zu der Frage, wo und wann man sich dem „Schweben in dem großen Ganzen" hingeben kann, und wann man sich auf das Wesentliche eingerichtet konzentrieren muß.

Bei einem <u>Halbsextil</u> drängen entweder die Grenzauflösung oder die Grundüberzeugungen auf eine Weiterentwicklung zu der jeweils anderen Qualität. Dadurch weicht entweder der Wunsch nach Weitung dem Drang, aus dem Wesentlichen heraus zu leben (Neptun => Pluto) oder der Drang nach einem intensiven Leben verblaßt und man will einfach das Einsein mit allem genießen (Pluto => Neptun).

e) Generationen-Aspekt: Pluto/Neptun-Sextil

Der Neptun braucht für einen Umlauf um die Sonne 148 Jahre, der Pluto benötigt sogar 248 Jahre. Der Uranus braucht dafür nur 84 Jahre, der Saturn 28 Jahre und die anderen Planeten sind noch schneller.

Abgesehen vom Pluto kreisen die Planeten alle auf nahezu kreisförmigen Bahnen um die Sonne, was bedeutet, daß sei immer gleich weit von der Sonne entfernt sind und daher auch immer gleich schnell fliegen.

Der Pluto umkreist die Sonne jedoch auf einer ellipsenförmigen Bahn, was bedeutet, daß seine Entfernung zur Sonne stark schwankt und daß daher auch seine Geschwindigkeit sehr verschieden ist. Das führt dazu, daß er während jeder Sonnen-Umrundung innerhalb von 248 Jahren ca. 100 Jahre lang dieselbe Geschwindigkeit wie der Neptun hat, weil der Pluto in dieser Zeit ungefähr dieselbe Entfernung zur Sonne hat wie der Neptun. Die übrigen ca. 250 Jahre ist er weiter von der Sonne entfernt und somit auch langsamer als der Neptun.

In diesen 100 Jahren, in denen der Pluto und der Neptun dieselbe Geschwindigkeit haben, ändert sich auch ihr Abstand nicht, d.h. sie haben von der Erde aus gesehen diese 100 Jahre lang denselben Winkel-Abstand und somit auch denselben Aspekt zueinander. Manchmal hat dieser 100 Jahre lang bestehende Winkel auch eine astrologische Bedeutung, d.h. der Winkel ist ein astrologischer Aspekt. In diesem Fall gibt es 100 Jahre lang denselben Pluto/Neptun-Aspekt, d.h. alle Menschen, die in diesen 100 Jahren geboren werden, haben diesen astrologischen Aspekt in ihrem Horoskop.

Pluto und Neptun stehen in diesen ca. 100 Jahren natürlich nicht still, sondern bewegen sich weiter – aber eben mit derselben Geschwindigkeit. Das führt dazu, daß es in diesen 100 Jahren Phasen gibt, die von der Stellung der beiden Planeten in den Tierkreiszeichen abhängen.

Solch eine 100 Jahre während Phase des konstanten Abstands von Pluto und Neptun – in diesem Fall ein Sextil – hat 1942 begonnen und wird 2039 enden. In dieser Zeit ist der Neptun durch den Pluto, der alle Dinge intensiviert und ins Existentielle erhebt, bei allen Menschen stark betont. In dieser Zeit sind somit Kunst, Ökologie, Drogen, Sozialengagment, Magie, Mystik und ähnliche Themen außergewöhnlich wichtig.

An den Übergängen zwischen diesen grundlegenden kollektiven Magie-Phasen, die im Folgenden beschrieben werden, ist der Neptun manchmal schon etwas früher oder erst etwas später in das nächste Zeichen gewechselt als in der Übersicht angegeben. Um die präzise Stellung der beiden Planeten in den Übergangsphasen zu sehen, kann man in einer Ephemeride nachschauen.

Von 1942 bis 1958 stand der <u>Pluto im Löwen und der Neptun in der Waage</u>. Für die Menschen, die in dieser Zeit geboren worden sind, ist die Magie eine Form des existentiellen Selbstausdrucks (Pluto im Löwen), der die kollektive Harmonie (Neptun in der Waage) wiederherstellen kann: die Hippies.

Von 1958 bis 1972 stand der <u>Pluto in der Jungfrau und der Neptun im Skorpion</u>. Für die Menschen, die in dieser Zeit geboren worden sind, ist die Magie eine Form der existentiellen Ordnung (Pluto in der Jungfrau), die durch eine kollektive Verwandlung (Neptun im Skorpion) wiederhergestellt werden muß: die Heiler.

Von 1972 bis 1984 stand der <u>Pluto in der Waage und der Neptun im Schützen</u>. Für die Menschen, die in dieser Zeit geboren worden sind, ist die Magie eine Form der existentiellen Harmonie und Schönheit in allen Dingen (Pluto in der Waage), die durch das Streben nach dem Besten für alle (Neptun im Schützen) erreicht werden muß: die Weltverbesserer.

Von 1984 bis 1996 stand der <u>Pluto im Skorpion und der Neptun im Steinbock</u>. Für die Menschen, die in dieser Zeit geboren worden sind, ist die Magie eine Form der existentiellen Ekstase und der allgemeinen Verwandlung (Pluto im Skorpion), die die reale Welt in einen dauerhaft stabilen und nachhaltigen Zustand (Neptun im Steinbock) bringen wird: die friedlichen Revolutionäre.

Von 1996 bis 2008 stand der <u>Pluto im Schützen und der Neptun im Wassermann</u>. Für die Menschen, die in dieser Zeit geboren worden sind, ist die Magie eine Form des existentiellen Idealismus (Pluto im Schützen), der die Grundlage für den Entwurf und die Verwirklichung der Utopie einer neuen Menschheit (Neptun im Wassermann) ist: die „Fridays for Future"-Bewegung und andere Initiativen, die sagen: „Es muß etwas passieren – und zwar jetzt sofort!"

Von 2008 bis 2024 steht der <u>Pluto im Steinbock und der Neptun in den Fischen</u>. Für die Menschen, die in dieser Zeit geboren worden sind oder noch geboren werden, ist die Magie eine Form der existentielle Besinnung auf die Realität, in der wir leben (Pluto im Steinbock), durch die wir ein gedeihliches Miteinander aller Lebewesen auf diesem Planeten (Neptun in den Fischen) erreichen können: der Mensch als Verantwortungs-bewußtes und Vertrauen-getragenes Mitglied der „Erden-Familie".

Von 2024 bis 2039 steht der <u>Pluto im Wassermann und der Neptun im Widder</u> – danach endet diese 97 Jahre dauernde Phase, in der das Pluto/Neptun-Sextil besteht. Für die Menschen, die in dieser Zeit geboren werden, wird die Magie eine Form des existentiellen Weltbürgertums (Pluto im Wassermann) sein, das die spontane Neuschöpfung einer Vielfalt von spirituell, magisch, ökologisch, künstlerisch und sozial tragfähigen und nachhaltigen Lebensweisen (Neptun im Widder) ist: die Lebens-Kreativen.

Diese sieben Phasen des Pluto/Neptun-Sextils zeigen auch, welche Form der Romantik die Menschen haben, die in diesen Phasen geboren worden sind und folglich das betreffende Sextil in ihrem Horoskop haben.

f) Neptun im 1. Haus

Der Neptun prägt einen Menschen immer dann am stärksten, wenn er in dem Horoskop des Betreffenden im 1. Haus steht, weil der Neptun dann stets im Hier und Jetzt zugegen ist, d.h. weil er dann ständig das Erleben und Handeln und das Selbstverständnis des Betreffenden prägt.

Die Betrachtung von Menschen mit dem Neptun im 1. Haus kann daher das Verständnis für das Wesen des Neptuns und somit auch für das Wesen der Romantik und der Magie vertiefen.

Widder-Neptun im 1. Haus:

Benjamin Franklin war einer der Gründer der USA und Mitverfasser der amerikanischen Verfassung. Er war ein Diplomat, förderte das Allgemeinwesen, eröffnete die erste Leihbibliothek, erfand den Blitzableiter und einen raucharmen Holzofen. Er hat sich aus armen Verhältnis hochgearbeitet. Seine Neptun-Betonung zeigt sich in seinem Engagement für die Allgemeinheit. Der Widder, in dem der Neptun steht, zeigt sich in seinen Gründungen, Mitgründungen und Erfindungen.

Piet Mondrian reduzierte die Malerei auf rechteckige Flächen in den Grundfarben, die von schwarzen, geraden Linien umrandet waren. Das ist die Schlichtheit des Widders, wenn man sie auf die Spitze treibt.

H.G. Wells hatte mit seinen Sciencefiction-Romanen einen großen Erfolg. Diese Richtung beruht auf einer der Grundqualitäten des Neptuns: der Phantasie.

William Somerset Maugham war Schriftsteller, Weltreisender und Spion beim MI6 – gleich drei Neptun-Themen. Er hatte homosexuelle Neigungen – hier wird die Grenze zwischen den Geschlechtern aufgelöst. Seine Geliebte war die geschiedene Frau eines Pharma-Unternehmers – Pharmazie ist ein weiteres Neptun-Thema. Sein Sekretär und Geliebter hatte gleich mehrere der dunkleren Neptun-Themen: Er war ein Lügner, Alkoholiker und Zuhälter.

Weitere Personen mit dem Neptun im Widder im 1. Haus sind: Evangeline Adams, Giovanni Agnelli, Louis Blériot, Alexis Carrel, D.W. Griffith, Warren G. Harding, Ludwig XV von Frankreich, Auguste Lumière, Charles Péguy, Marcel Proust und José Rizal.

Stier-Neptun im 1. Haus:

Immanuel Kant ist der Begründer der modernen Philosophie und er war auch Hauslehrer und Wissenschaftler. Der Neptun zeigt sich bei ihm in dem Bestreben, die eigentliche Wirklichkeit in allem zu erfassen. Am deutlichsten zeigt sich der Neptun in dem kathegorischen Imperativ: „Handle stets so, wie Du willst, daß alle handeln sollten." Die Verallgemeinerung ist neptunisch, die Ausrichtung auf den angenehmen Zustand, der durch das Handeln erreicht werden soll, gehört zum Stier.

Konrad Adenauer prägte als erster Bundeskanzler die Nachkriegszeit, in dem er die Gründung der EWG (heute: EU) und der Nato förderte und in Deutschland die soziale Marktwirtschaft begründete. Diese Haltung, die das Gesamtwohl aller im Blick hat, ist eine Neptun-Prägung.

Isadora Duncan war eine Tänzerin und Choreografin, die den antiken Tanz wiederbeleben wollte. Der Tanz sollte ihr zufolge natürlich sein und wurde nicht als einer formalen Religion zugehörig, aber aus sich heraus als heilig angesehen – das „Heilige" ist eine Form des Neptun. Sie kämpfte für die Gleichberechtigung von Mann und Frau – eine weitere Grenzauflösung.

Franz Marc ist ein expressionistischer Maler, der in späterer Zeit zunehmend abstraktere Werke schuf.

Heitor Villa-Lobos ist ein Komponist (über 1000 Werke), Cellist, Gitarrist und Dirigent, der sich stark von der Volksmusik inspirieren ließ.

Hermann von Keyserling war ein Geologe, Weltreisender, Philosoph und ein Verbreiter fernöstlicher Weltanschauung.

Weitere Personen mit dem Neptun im Stier im 1. Haus sind: René Allendy, Elizabeth Arden, Karl Barth, Theda Bara, Lon Chaney, Marcel Dupré, Jean-Julien Fulcanelli, Achille Liénart, Anna Pavlova, Gino Severini, Maurice Utrillo, Madeleine Vionnet und Emiliano Zapata.

Zwillinge-Neptun im 1. Haus:

J.R.R. Tolkien war Professor für englische Sprachwissenschaft in Oxford. Er hat die nordgermanischen und isländischen Saga durch seine Bücher „Silmarillion", „The Hobbit" und „The Lord of the Rings" wiederbelebt und weiterentwickelt und dadurch das Fantasy-Genre begründet, in dem die Phantasie (Neptun) völlig ungebunden und frei neue Welten erschaffen kann (Zwilling).

Johannes Kepler entdeckte die nach ihm benannten Kepler'schen Gesetze, die die Bewegungen der Planeten um die Sonne beschreiben. Hier hat der Neptun sich auf die Sternenwelt gerichtet (ein Neptun-Thema), die Bewegungen der Planeten betrachtet (Bewegungen = Zwilling) und die Gesetzmäßigkeit dieser Bewegungen erfaßt.

Buckminster Fuller hat nach einer tiefen Krise an seinem eigenen Handeln erforscht, auf welche Weise ein einzelner Mensch der Menschheit nützlich sein kann. Dies erreichte er als Architekt, Konstrukteur, Visionär, Designer, Philosoph und Schriftsteller. Er blickte stets auf die Welt als Ganzes und prägte die Sicht der Natur als Gesamtsystem, die Erde als „Raumschiff Erde" und prägte den Begriff der Synergien. Dies sind alles Neptun-Blickweisen, die die bunte Vielfalt (Zwilling) als ein systematisches Ganzes erfassen.

Irène Joliot-Curie entdeckte zusammen mit ihrem Ehemann Frédéric Joliot-Curie die Radioaktivität. Die Unsichtbarkeit dieser Strahlung entspricht dem Neptun und das Geschick, sie trotzdem zu entdecken und zu beschreiben, entspricht dem Zwilling – zudem ist diese Strahlung eine Bewegung, was ebenfalls dem Zwilling entspricht.

E.E. Cummings war ein Dichter, der auf Zwilling-hafte Weise den Rahmen der Sprache auf die verschiedensten Weise auflöst (Auflösen = Neptun). Dazu verwendete eine veränderte Verwendung von Satzzeichen, verschieden große Lücken zwischen Wörtern, ungewohnte Wortstellungen, seltsame Argumentationen und ähnliches mehr.

George Washington war der erste Präsident der USA und prägte maßgeblich die heutige Verfassung der USA.

Weitere Personen mit dem Neptun in den Zwillingen im 1. Haus sind: Marie Besnard, Elizabeth Bowes-Lyon, Luis Buñuel, John Cocteau, Anna Freud, Martha Graham, Julien Green, Andrée Aga Khan, Hô Chi Minh, Olga Newhall, Thomas Paine, Jean Piaget, Noël Roquevert, Sukarno und Mae West.

Krebs-Neptun im 1. Haus:

Werner Heisenberg war ein Physiker und hat die Quantenmechanik begründet. Am bekanntesten ist die nach ihm benannte „Heisenberg'sche Unschärferelation", die unter anderem die Grundlage der Superstringtheorie ist. Für die Unschärferelation, die zunächst einmal ein sehr unanschauliches Konzept ist, brauchte man schon einen Neptun im Zwilling, da diese Relation Paare von eigenständig scheinenden physikalischen Größe aneinander koppelt.

Robert Oppenheimer hat zu großen Teilen die Atombombe mitentwickelt. Er war dafür bekannt, daß er viele Ideen hatte und Mitarbeiter brauchte, die diese Ideen dann sortieren und weiterentwickelten – das ist typisch für einen Neptun in den Zwillingen. Nach dem Zünden der ersten Atombomben in Japan bemühte er sich darum, die USA und die UdSSR zum Abrüsten zu bewegen – auch ein Neptun-Impuls. Auch die Erhöhung des radioaktiven Zerfalls zur Auslösung der Atombomben-Explosion kann man zu den Neptun-Vorgängen rechnen.

Heinrich Wankel erschuf als Autodidakt den Wankelmotor. Für diesen Drehkolbenmotor mußte im Gegensatz zum normalen Verbrennungsmotor eine sehr komplexe Kolbenform geschaffen werden, die vielen verschiedenen Anforderungen genügen mußte. Diese komplexe Form eines gegen Druck geschützten Innenraumes ist eine Variante des Krebs-Neptuns.

Armand Barbault ist ein zeitgenössischer Alchemist, der ein Lebenselixier entwickelt hat. Pharmazeutische Untersuchungen haben die hohe Wirksamkeit des Mittels bestätigt, aber die teuren Grundstoffe wie Goldstaub und die Herstellungsdauer von 12 Jahren machten die Herstellung in größeren Mengen unprofitabel. Er war zudem ein Astrologe. Astrologie und Alchemie gehören beide zu den Neptun-Themen.

Fernandel wurde vor allem als der schlagfertige und listige Priester Don Camillo in der Filmreihe „Don Camillo und Peppone" bekannt. In dieser Rolle zeigt er deutlich die sehr bewegliche (Zwilling) Religiösität (Neptun) des „Don Camillo". Er war auch ein Sänger – eine weitere Neptun-Tätigkeit.

Anthony Quinn hat in einer Vielzahl von Aushilfsjobs vom Schlachthausarbeiter über Fensterputzer bis zum Boxer gearbeitet, bevor er zu einem Schauspieler wurde, der meist die Randgestalten der Gesellschaft oder andere „schräge Vögel" dargestellt hat. Diese „interessanten Charaktere" sind typisch für den Neptun.

Peter Cushing ist ein Schauspieler, der vor allem in Horrorfilmen mitgewirkt hat und meistens Wissenschaftler, Ärzte oder Detektive dargestelt hat. Eine seiner bekanntesten Rollen ist der Kommandeur des „Todessterns" in „Star Wars" gewesen.

Gert Fröbe war ein Straßenmusiker (Geige), Theatermaler, Sanitätssoldat, Rezitator, Komiker und später ein bekannter Schauspieler. Er spielte u.a. intelligente Schurken wie „Goldfinger" in „007 James Bond".

Django Reinhardt war der Begründer der europäischen Jazz-Musik. Der Zwillings-Neptun zeigt sich bei ihm in der Suche nach neuen, freieren Formen der Musik, in dem Spiel mit ungewohnten bis geradezu abenteuerlichen Tonfolgen und auch in der häufigen Zusammenarbeit mit anderen Musikern.

Benjamin Britten war ein Pianist, Dirigent, Komponist und Gründer eines Musik-Festivals sowie überzeugter Kriegsdienstverweigerer. Er benutzte vor allem klassische Kompositionsmethoden. Sowohl diese Traditionsverhaftung als auch sein Pazifismus sind Entsprechungen zu dem Krebs-Neptun, der die Welt als große Familie betrachtet.

Glenn Miller war ein Jazzmusiker. Er spielte Posaune, komponierte, arrangierte und leitete das „Glenn Miller Orchestra". Er schuf einen neuen „Swing-Sound".

Johann Gottfried Herder war Dichter, Übersetzer, Theologe, Geschichts-Philosoph, Kultur-Philosoph sowie Freimaurer und Illuminat. Für ihn waren Religion und Philosophie stets Hilfsmittel um die Lage der Allgemeinheit zu verbessern – eine Krebs-Neptun-Motivation.

Josef Mengele war Arzt und Anthropologe und war in der NSDAP tätig, wo er Mitglied der Waffen-SS war. Er forschte u.a. zu verschiedenen Krankheiten und Heilmethoden, aber auch zur Rassen-Theorie. Die „Reinhaltung der Rasse" ist einer der dunklen, krankhaften Aspekte des Krebs-Neptuns, der sozusagen die Infektion (Neptun) der Heimat (Krebs) fürchtet.

Weitere Personen mit dem Neptun im Krebs im 1. Haus sind: Hannah Arendt, Astrid von Schweden, Clyde Barrow, Joan Bennett, Jean Carteret, Rémy Chauvin, Françoise Dolto, Nathuram Godse, Etty Hillesum, Albert Hofmann, Joe Louis, Tino Rossi und James Steward.

Löwe-Neptun im 1. Haus:

Oscar Romero war ein Erzbischof von San Salvador, der für soziale und politische Gerechtigkeit eintrat und nach seinem Tod heiliggesprochen wurde. Hier sind die Theologie und die Gerechtigkeit die beiden allen zustehenden Elemente (Neptun), die dem Einzelnen ein gutes Leben (Löwe) ermöglichen sollen.

Louise Hay schrieb eine Reihe von Bücher über positives Denken und über die Symbolik von Krankheiten. Die positiven (Löwe) inneren Bilder (Neptun) lassen den Menschen gesunden.

Marilyn Monroe war Schauspielerin, Model und Filmproduzentin und war das einflußreichste Sexsymbol ihrer Zeit. Sie litt an Alkoholismus und Schlafstörungen, weswegen sie Schalftabletten nahm – an denen sie auch gestorben ist. Sie liebte Kinder und die Kinder liebten sie.

Ava Gardner war eine Schauspielerin, die meistens die Rolle der erotischen Femme fatale übernahm. Sie spielte jedoch auch tragische Rollen. Beides stellt zwei Seiten der Selbstentfaltung dar, also des Löwe-Neptuns, dar: die Ausstrahlung und das Scheitern.

Yul Brynner war ein Schauspieler, der meisten glatzköpfig erschien. Er war in jungen Jahren jedoch auch Zirkusartist, Musiker, Sänger und Rundfunksprecher. Meistens stellte er imposante Könige u.ä. dar. Hier ist der Löwe-Neptun die königliche Ausstrahlung von Überlegenheit.

Lex Barker war ein Schauspieler, der romantische (Neptun) Helden (Löwe) wie „Tarzan", „Wildtöter", „Robin Hood" und „Old Shatterhand" gespielt hat.

Roger Moore spielte den stets erfolgreichen (Löwe) Spion (Neptun) James Bond.

Andy Warhol ist vor allem als der Begründer des Pop-Art bekannt, aber hat auch sehr viele Filme geschaffen. Der Graphiker und Illustrator kultivierte vor allem die Darstellung des Glamourösen – eine Form des Löwe-Neptuns. Im Hintergrund seiner Werke kann man eine ständige Krise der Individualität ahnen.

René Goscinny erschuf vor allem zwei Phantasiewelten (Neptun), in denen ein Held (Löwe) sich gegen alle durchsetzt: Zusammen mit Uderzo den „Asterix" und zusammen mit Morris den „Lucky Luke".

Peyo schuf die Comic-Phantasiewelt (Neptun), in der der Prinz (Löwe) Johann und der Hofnarr (Neptun) Pfiffikus sowie die Schlümpfe die Hauptrollen spielen. Die Schlümpfe zeichnen sich dadurch aus, daß sie eine Gemeinschaft (Neptun) von stets zusammenhaltenden Individuen (Löwe) sind.

Weitere Personen mit dem Neptun im Löwen im 1. Haus sind: Maya Angelou, Dick Van Dyke, Michele Ferrero, Yves Montand, Michel Serrault und Simone Veil.

Jungfrau-Neptun im 1. Haus:

Farah Pahlavi war die letzte Königin von Persien (heute: Iran). Sie führte in ihrer Jugend ein erfolgreiches Basketballteam an und war iranische Meisterin im Hochsprung. Sie hat viele medizinische, soziale, pädagogische, kulturelle und künstlerische Einrichtungen gefördert – dies sind alles Themen des Neptun (Allgemeinwohl) in der Jungfrau (Förderung und Heilung). Sie engagierte sich auch sehr stark für die Chancen von Kindern aus armen Verhältnissen und für die Gleichberechtigung der Frauen.

Pelé ist ein sehr erfolgreicher Fußballer. Er war sowohl sehr schnell als auch geschickt, aber seine Hauptstärke war sein intuitives (Neptun) Erfassen (Jungfrau) der Spielsituation.

Jean M. Auel schrieb einen Romanzylus über die Altsteinzeit. Ihre detaillierten Schilderungen (Jungfrau), weiteten die Wahrnehmung der Leser (Neptun) für eine bis dahin kaum beachtete Epoche der Menschheit.

Woody Allen ist Autor, Komiker, Schauspieler, Filmregisseur und Jazzmusiker. Seine Werke zeichnen sich durch eine sensible (Neptun) Analyse (Jungfrau) von psychologischen und sozialen Themen aus.

Françoise Sagan ist eine französische Autorin von Bestsellern und Theaterstücken. Sie hatte Probleme mit Drogen und auch mit Steuerhinterziehungen, die ein Täuschungsversuch (Neptun) sind, um den Steuerregeln (Jungfrau) zu entgehen.

Faye Dunaway ist eine Drehbuchautorin, Schauspielerin, Regisseurin und Filmproduzentin, die in ihren Filmen die Handlungsabläufe akribisch plante und darstellte – unter anderem die Planung (Jungfrau) von Verbrechen (Neptun).

Elke Sommer ist Sängerin, Schauspielerin, Malerin und Sexsymbol. Sie spricht fließend sechs Sprachen.

Paul McCartney ist Sänger, Bassist, Multiinstrumentalist und Komponist der „Beatles" und der „Wings". Seine Kompositionen (Neptun) waren oft sehr differenziert ausgefeilt (Jungfrau), wobei er auch sehr darauf geachtet hat, daß seine Stimme in jedem Stück auch die passende Klangfarbe hat.

Brian Jones war der Leadgitarrist der „Rolling Stones", aber er spielte neben der Gitarre noch über ein Dutzend anderer Instrumente. Diese Vielfalt von Instrumenten, die er schnell erlernen konnte, ist typisch für den Jungfrau-Neptun.

Paul Simon ist ein Sänger, Gitarrist und Songschreiber. Er schrieb technisch anspruchsvolle (Jungfrau) Musikstücke (Neptun) und verband in seinen späteren Jahren afrikanische Musik mit westlicher Musik (Neptun).

Placido Domingo ist ein Opernsänger, Dirigent und Intendant. Er hat eine große Vielzahl von sehr verschiedenen Gesangsrollen erfolgreich übernommen – hier zeigt sich der Jungfrau-Neptun. Er hat sich oft für Wohltätigkeits-Veranstaltungen engagiert – ein weiterer Aspekt des Neptuns in der Jungfrau.

Chick Corea war ein Jazz-Pianist und Komponist, der mit vielen verschiedenen

Musikern zusammengearbeitet und sich für Benefiz-Veranstaltungen engagiert hat – ein weiterer Aspekt des Neptuns in der Jungfrau.

Paul Horn ist ein Jazz-Flötist, der einer der Begründer der meditativen Musik (Neptun) ist. Er veranstaltete und organisierte (Jungfrau) auch zusammen mit vielen anderen Musikern Benefiz-Veranstaltungen (Neptun).

Brian Epstein war der Manager der Beatles und wird oft als der „fünfte Beatle" bezeichnet, der wesentlich zu der Entwicklung und Perfektionierung (Jungfrau) der Songs (Neptun) beigetragen hat.

Weitere Personen mit dem Neptun in der Jungfrau im 1. Haus sind: Jane Austen, James Brown, John Cleese, Macha Méril und John Updike.

Waage-Neptun im 1. Haus:

Bill Clinton war Wirtschaftswissenschaftler, Bürgerrechtler, Jura-Assistenzprofessor, Generalstaatsanwalt, Präsident der USA und Saxophonist. Er setzte sich für die Bildungs-Förderung, eine allgemeine Krankenversicherung, Waffenkontrolle und gegen Rassenhaß ein. Er hatte mehrere Affären. Dies sind alles Themen des Waage-Neptuns.

Giovanni Pico della Mirandola hat 1486 eine auf dem intensiven Studium der Bibel, des Korans, des Talmud und der Kabbala beruhenden Vergleich der Grundprinzipien dieser drei Religionen Judentum, Christentum und Islam verfaßt und dem Vatikan vorgestellt. Der Papst lehnte diese Schrift jedoch ab, da er 13 der 900 Punkte dieser Schrift als Häresie ansah – und daraufhin diese Schrift auch insgesamt verbot. Deutlicher läßt sich eine gegenseitige religiöse Toleranz und Achtung kaum noch vorbereiten und begründen – ein Werk des Neptun (Religion) in der Waage (Entsprechung, Übereinstimmung).

Carlos der Schakal war ein Terrorist, der in vielen verschiedenen Ländern Anschläge verübt hat. Dabei sah er sich als Befreier von unterdrückten Völkern – ein typisches Thema des Waage-Neptuns.

Radovan Karadžić ist ein Politiker und Kriegsverbrecher. Hier zeigen sich die Schattenseiten des Neptun in der Form der „ethnischen Säuberung".

Susanne Albrecht ist eine Terroristin, die aus der Hausbesetzerszene stammt und die sehr für sozial benachteiligte Kinder engagiert war. Ihre terroristischen Aktionen waren aus ihrer Sicht gegen das die Menschlichkeit unterdrückende Establishment sowie allgemein gegen Folter gerichtet. Nach ihrer Haft arbeitete sie als Deutschlehrerin für Migrantenkinder. Diese verschiedenen Formen des friedlichen bzw. gewaltsamen sozialen Engagements sind Themen des Waage-Neptuns.

Jean-Françoise Champollion war ein Sprachwissenschaftler. Er übersetzte als erster die altägyptischen Hieroglyphen. Das Übersetzen ist eine Waage-Tätigkeit – der Neptun zeigt sich hier in der großen Zeitspanne, die die Übersetzung von den heutigen Sprachen zum Altägyptischen hin überbrücken mußte.

James Redfield ist der Verfasser der „Celestine"-Buchreihe, in der er auf anschauliche Weise psychologische, soziale und magische Phänomene, Probleme und Problemlösungen beschreibt, wobei diese Problemlösungen stets so dargestellt werden, daß man sie leicht für das eigene Leben übernehmen kann.

Ken Wilber ist ein Schriftsteller in den Bereichen Psychologie, Philosophie und Mystik – drei Neptun-Themen.

Starhawk ist eine Hexe, Schriftstellerin, Umweltschützerin, Feministin, Seminarleiterin und friedlich-deeskalierende Anarchistin.

Harry Eilenstein: Ich bin Schriftsteller, Musiker, Magier, Astrologe, Berater, Bioladen-Inhaber, habe eine Sticker-Lehrer in einem Nonnenkloster abgeschlossen, habe im Altenheim gearbeitet, bin Berater und vor allem Romantiker. Daher finden sich bei mir alle wesentlichen Neptun-Themen.

Stevie Wonder ist ein weithin bekannter Musiker und Menschenrechts-Aktivist.

Barry Gibb ist einer der beiden Haupt-Musiker der „BeeGees". Er ist Sänger, Gitarrist und Produzent. Er komponierte auch für viele andere Musikgruppen.

Pete Townshend ist Musiker und Komponist der „The Who". Er spielt E-Gitarre und Keybords. Er ist ein Wegbereiter des Hardrocks, des Heavy Metal und des Punk.

Salvatore Adamo ist ein Musiker und Schlagersänger, der auch politische Liedtexte verfaßte.

Suzi Quatro ist eine Rockmusikerin, die mit vielen Musikern zusammengearbeitet hat und auch in Musicals aufgetreten ist.

Stephen Stills ist ein Sänger, Gitarrist, Songwriter, Multiinstumentalist und Musikproduzent. Er ist hauptsächlich als Mitglied der Gruppe „Crosby, Stills, Nash & Young" bekannt. Er hat viele Musikstile miteinander verbunden und ist in vielen Bands als Gastmusiker aufgetreten – beides sind Themen des Waage-Neptuns.

Robbie Krieger ist ein Gitarrist in den Bereichen Rock und Jazz. Er ist vor allem als Gitarrist und Komponist der Gruppe „Doors" bekannt. Er spielte auch bei verschiedenen anderen Bands als Gastmusiker.

Don McLean ist Sänger und Songwriter. Er hat viele Lieder über andere Musiker und Künstler wie Buddy Holly oder Vincent van Gogh geschrieben.

Alice Cooper ist ein Rockmusiker, der oft Horror-Effekte wie die (scheinbare) eigene Enthauptung auf der Bühne nutze.

Angus Young ist Leadgitarrist und Songwriter der Band AC/DC.

Cat Stevens ist ein Gitarrist, Pianist, Sänger und Komponist, der vom Christentum zum Islam übergetreten ist. Er hat vor allem romantische und sozialkritische Liedtexte geschrieben.

Olivia Newton-John ist eine Sängerin, Songwriterin und Schauspielerin. Sie ist in verschiedenen Stilen kreativ gewesen.

Eddie Van Halen war ein Gitarrist, Songwriter und zusammen mit seinem Bruder

der Gründer der Hardrock-Band „Van Halen".

Weitere Personen mit dem Neptun in der Waage im 1. Haus sind: Anne Barbault, Kathy Bates, Françoise Bayrou, Laurent Fabius, Françoise Fillon, Johnny Hallyday, Fabrice Luchini, Jean-Luc Mélenchon, Joe Montana, Dolly Parton, Aung San Suu Kyi, Patrick Swayze und Denzel Washington.

Skorpion-Neptun im 1. Haus:

Ludwig XIV von Frankreich war 72 Jahre lang König von Frankreich. Er errang für die französischen Könige die absolute Macht und begründete den französischen Absolutismus – die maximale (Skorpion) Ausdehnung (Neptun) der Macht. Er wurde aufgrund seiner großen Macht „Sonnenkönig" genannt.

Daniel Craig ist ein Schauspieler, der vor allem durch seine Darstellung des „007 – James Bond" berühmt geworden ist. Der Spion ist eine der markantesten Aspekte des Neptuns im Skorpion. Im Gegensatz zu den früheren Darstellern des James Bond hat Craig auch ausgeprägte tragische Züge – passend zu seinem Skorpion-Neptun.

Vin Diesel ist ein Schauspieler, Drehbuchautor, Filmregisseur und Filmproduzent. Er arbeitete zunächst als Türsteher. Bekannt wurde er mit der Filmreihe „Fast and Furious", in der er einer der Hauptdarsteller und zugleich der Produzent ist.

Jean-Claude Van Damme ist Schauspieler mit Schwerpunkt Action-Kämpfe. Er hat den Schwarzen Gürtel in Karate, tanzte Ballett und war Bodybuilder. Er war Fahrer, Türsteher, Fitnesstrainer und war zeitweise obdachlos. Er wurde durch seinen Spagat auf den Spiegeln von zwei rückwärts fahrenden Volvo-LKWs berühmt.

Nicole Kidman ist Schauspielerin und Modell und setzt sich u.a. im Rahmen von UNICEF und UNO für die Rechte von Kindern und Frauen ein – Mitgefühl und Engagement (Neptun) für Menschen in Krisensituationen (Skorpion).

Claudia Schiffer ist ein sehr gefragtes Modell und eine Schauspielerin.

Naomi Watts ist eine Schauspielerin, die in einer Vielfalt von Rollen auftrat, die von der Komödie bis zum Horror reichten – diese Vielfalt an Stimmungen sind eine Eigenart des Neptuns im Skorpion. Sie engagiert sich gegen AIDS.

Tom Cruise ist Schauspieler und Filmproduzent. Er war ein Jahr in einem Priesterseminar, war Ringer und ist Mitglied bei Scientology. Er ist als ausgesprochen freundlicher Mensch bekannt, der jeden achtet, und er macht fast alle Stunts selber – Echtheit in jeder Situation (Neptun im Skorpion).

Björk ist Sängerin, Songwriterin, Komponistin, Musikproduzentin und Schauspielerin. Sie verbindet die verschiedensten Musikstile miteinander und erprobt immer wieder neue Möglichkeiten. Sie arbeitete mit vielen verschiedenen Musikern zusammen und hat für sie komponiert. Sie ist engagierte Feministin.

Courtney Love ist Sängerin, Gitarristin, Songwriterin und Schauspielerin. Als Kind zeigte sie Autismus-Tendenzen, beging Laden-Diebstahl, trat schon früh als Obenohne-Tänzerin auf, studierte Englisch und Philosophie und verkehrte vor allem in Schwulenclubs. Sie war zeitweise heroinabhängig. Sie engagierte sich gegen Vergewaltigungen.

Jon Bon Jovi ist Sänger, Gitarrist, Komponist und Schauspieler. Er engagierte sich sehr stark bei den Präsidentenwahlen in den USA. Er erhielt einen Ehrendoktor für seine Musik und für sein vielfältiges soziales Engagement.

Erasmus von Rotterdam war ein Theologe, Priester, Chorherr, Philologe, Verfasser von 150 Büchern und Renaissance-Universalgelehrter, der durch seinen scharfen Verstand und seine treffende und wortgewandte Ausdrucksweise sowie durch seine beißende Ironie auffiel. Er war ein Vorbereiter der Aufklärung. Der Skorpion-Neptun ist in alldem deutlich erkennbar.

Victor Hugo war Schriftsteller und Politiker. Sein Werk gehört sowohl zur Romantik (Neptun) als auch zum Realismus (Skorpion).

George Sand ist das (männliche) Pseudonym von Amantine Dupin. Sie war eine sozialkritische Schriftstellerin und kämpfte für die Gleichberechtigung der Frauen

Eduard Mörike war Pastor, Dichter, Erzähler und Übersetzer. Er hat u.a. systematisch-sachlich die verschiedenen Spukerscheinungen in dem Pfarrhaus, in dem er wohnte, aufgeschrieben – ein Skorpion-Neptun-Thema. Er wurde schon mit 39 Jahren aus Gesundheitsgründen mit einer geringen Rente pensioniert.

Ivan Lendl ist ein Tennisspieler. Seine Stärke war sein taktisches Spiel, das den Gegner in die Positionen zwang, in denen dieser schwächer war – eine typische Skorpion-Strategie.

John McEnroe ist ein Tennisspieler. Er ist ein aggressiver Angriffsspieler und er war oft arrogant und provozierend – alles Eigenschaften des Skorpion-Neptuns.

Weitere Personen mit dem Neptun im Skorpion im 1. Haus sind: Jeffrey Dahmer, Janet Jackson, Shahrukh Khan und River Phoenix.

Schütze-Neptun im 1. Haus:

Henri Néstle ist der Gründer des nach ihm benannten Unternehmens, das inzwischen weltweit tätig ist. Nach einer Apothekerlehre entwickelte er verschiedene Produkte und baute sich nach und nach seine Firma auf. Ein Apotheker strebt mithilfe von verschiedenen wirksamen Substanzen (Neptun) nach Gesundheit (Schütze).

Charles Darwin war ein Naturforscher. Er hat die Evolutionstheorie begründet. Nach diesem Prinzip entwickelt (Schütze) sich die Natur weiter, indem sich allgemein (Neptun) jeweils die Fähigsten durchsetzen. Der Neptun zeigt sich auch darin, daß es keinen Gott gibt, der diese Entwicklung lenkt, sondern daß sich diese Entwicklung als Summe aus einer sehr großen Vielzahl von Einzelereignissen ergibt.

Louis Braille war der Erfinder der Blindenschrift, der den Blinden dadurch den Zugang (Neptun) zu geschriebenen Werken und somit zu nützlichen Informationen

(Schütze) ermöglichte.

Julian Assange ist ein investigativer Journalist, politischer Aktivist, Progammierer, Computerhacker und Gründer der Enthüllungsplattform WikiLeaks. Sein Schütze-Neptun zeigt sich darin, daß er geheim gehaltene Informationen (Neptun) u.a. von Regierungen „hackt" und öffentlich macht, damit die Allgemeinheit erfährt, was wirklich vor sich geht (Schütze).

Lance Armstrong ist ein sehr erfolgreicher Radrennfahrer und Triathlet. Er engagiert sich für politische und medizinische Projekte. Er hat bei seinen Erfolgen teilweise mit Doping nachgeholfen – eine Schattenseite des Schütze-Neptuns, der mit unlauteren Mitteln (Neptun) zum Ziel kommen will (Schütze).

Monica Seles ist eine Tennisspielerin. Sie konnte mit beiden Händen beidseitig spielen, was sie in ihren Schlägen (Schütze) sehr flexibel (Neptun) machte.

Chris Evans ist ein Schauspieler und Filmregisseur. Seine Rolle des „Captain America" in den MCU-Filmen paßt exakt zu seinem Schütze-Neptun, da dieser Superheld den altruistischen (Neptun) Idealisten (Schütze) verkörpert. Evans war ursprünglich Christ, ist dann zum Buddhismus konvertiert und ist heute allgemein religiös ohne einer bestimmten Religion anzuhängen – auch das paßt gut zu einem Schütze-Neptun.

Kim Kardashian ist Model, Schauspielerin, Influencerin, Unternehmerin und Milliardärin. Sie verdient ihr Geld u.a. mit einer Modeprodukte-Kette und einem Handy-Spiel. Sie strebt eine Anwaltskarriere an, um Menschen in Haft helfen zu können. Der zielstrebige (Schütze) Neptun zeigt sich sowohl in der kurzen Zeit, in der sie zu Millardärin geworden ist als auch in ihrem Bestreben, Menschen, wenn möglich, aus der Haft zu entlassen und ihnen ihre Freiheit wiederzugeben.

Paris Hilton ist Model, Sängerin und Schauspielerin. Sie wurde vor allem durch das Video bekannt, das sie und ihren Freund beim Sex zeigt. Sie hat ein großes Talent bei der Selbstvermarktung.

Mila Kunis ist eine Schauspielerin und Synchronsprecherin. Sie hat ADHS, was man als die Schattenseite eines unkontrollierten Schütze-Neptuns auffassen kann, dessen Impulse (Schütze) ausufern (Neptun).

Norah Jones ist eine mehrfach ausgezeichnete Sängerin, Pianistin, Saxophonistin, Trompeterin, Songwriterin und Schauspielerin. Sie ist die Tochter des Sitar-Spielers Ravi Shankar.

Weitere Personen mit dem Neptun im Schützen im 1. Haus sind: Jessica Biel, Emily Brontë, Nelly Furtado, Anne Hathaway, Jenifer (Sängerin), Eva Longoria, Vanessa Paradis, Paul Ryan und Sebastian Stan.

Steinbock-Neptun im 1. Haus:

Fjodor Dostojewsky ist ein Schriftsteller, der die politischen, sozialen und wirtschaftlichen Mißstände im russischen Kaiserreich beschrieb, um eine Entwicklung zum Besseren anzuregen. Dabei skizziert er sehr genau die Vorgänge in der Psyche der Menschen. Er war ein „Realist (Steinbock) des Menschlichen (Neptun)".

Daniel Defoe begründete 1719 mit „Robinson Crusoe" den die Literatur-Form des Romans (Neptun). In ihm wird die Entwicklung in widrigen äußeren Umständen (Steinbock) beschrieben. Er war auch Kaufmann, Intellektueller und Essayist.

Alexandre Dumas der Jüngere war ein Schriftsteller. Er war der Begründer des Gesellschaftsdramas, der auf realistische Weise (Steinbock) vor allem der unteren Schichten der Gesellschaft (Neptun) beschreibt.

Usain Bolt ist mehrfacher Weltmeister im 100m-Sprint und im 200m-Sprint, der vielen körperlichen Problemen zum Trotz der erfolgreichste Sprinter geworden ist.

Christiano Ronaldo ist ein Fußballer. Der Steinbock-Neptun dieses Stürmers zeigt sich in seinem extrem harten Training mit dem Ziel der Beste zu sein.

Gerard Piqué ist ein Fußballer. Als Innenverteidiger kam ihm vor allem seine Übersicht über das Spiel und die sich daraus ergebenden Möglichkeiten zugute.

Antoine Griezmann ist ein Fußballer. Der Stürmer ist ein zielstrebiger und engagierter (Steinbock) Team-Player (Neptun).

Ousmane Dembélé ist ein Fußballspieler. Er ist ein extrem schneller und wendiger Flügelspieler, der auch seine Dribblings und seine weiten Schüsse präzise und aufgrund seiner Übersicht (Neptun) auch spielförderlich (Steinbock) ausführen kann.

Kylie Jenner ist ein Model, Mode-Ikone, Unternehmerin im Modebereich und Milliardärin. Sie ist die Halbschwester von Kim Kardashian.

Scarlett Johansson ist eine Sängerin und Schauspielerin. Sie stellte u.a. die Spionin (Neptun) „Black Widow" in den MCU-Filmen dar, die aus Dank für ihre Nicht-Ermordung durch einen Spion der USA (Steinbock) von dem russischen Geheimdienst zu den in den USA ansässigen „Avengers" überwechselt. Johansson war einige Jahre lang Botschafterin der Organisation Oxfam.

Pom Clementieff ist eine Schauspielerin. In den MCU-Filem spielt sie die Rolle der Mantis, die über eine große telepathische Begabung (Neptun) verfügt.

Gustave Doré war ein Maler, Graphiker und Illustrator. Er spielte auch mehrere Instrumente. Er stellte auf realistische Weise (Steinbock) auch die Mißstände des Proletariats (Neptun) dar.

Weitere Personen mit dem Neptun im Steinbock im 1. Haus sind: Ariana Grande, Lorde, Lil Peep und Jeffrey Star.

Wassermann-Neptun im 1. Haus:

Ramakrishna war ein bescheidener Priester in einem Kali-Tempel und wurde als Avatar angesehen. Er hatte spirituelle Visionen. Nachdem er nacheinander intensiv die Bräuche des Hinduhismus, des Islam und des Christentums ausgeübt hat, kam er zu dem Schluß, daß alle diese religiösen Wege (Neptun) zu demselben Gott führen (Wassermann).

Pius X war Papst und wurde heiliggesprochen. Er bemühte sich, durch moderate Erneuerung die Kirche gegen die Moderne zu schützen. Er hat unter anderem die Kastration von Sängerknaben verboten. Er führte für die Eucharistie (Neptun) die „lebendige Teilnahme" des Volkes (Wassermann) ein. Er soll schon zu seinen Lebzeiten Wunder getan haben.

Lili'uokalani war die letzte Königin von Hawaii, die nach heftigem Widerstand schließlich von den Bürgern der USA auf Hawaii abgesetzt worden ist und den Rest ihres Lebens in Hausarrest verbringen mußte. Dort komponierte sie viele Lieder, zu denen auch das weltbekannte „Aloha 'Oe" gehört.

Paul von Hindenburg war Generalfeldmarschall, Oberster Heeresleiter und Reichskanzler.

Auguste Rodin war ein Zeichner und Bildhauer. Er begründete die moderne Plastik, in der das absichtlich unvollendete Werk den Entwurfs-Charakter des Lebens verkörpern sollte. Diese skizzenhafte Darstellung der Utopie ist der Wassermann-Aspekt der Kunst (Neptun) von Rodin. Er trat dem Orden „Péres du Saint-Sacramant" bei und wurde als Künstler lebenslang freigestellt.

Auguste Renoir war ein Maler des Impressionismus. Die Impression weist auf das hin, was ist und was sein könnte (Wassermann).

Weitere Personen mit dem Neptun im Wassermann im 1. Haus sind: Abdul Baha, Léon Bloy, Sardi Carnot, Anna Kingsford, Leopold II von Belgien, Maria I von England, Jules Massenet, Sully Prudhomme und Edmond Eugène Valton.

Fische-Neptun im 1. Haus:

Iwan der Schreckliche war der erste Großfürst von Moskau, der sich zum Zaren von Rußland krönen ließ.

Calamity Jane war eine der bekanntesten Frauen der „Wildwest"-Epoche der USA. Sie zog in Männerkleidung durch den Westen, war sehr streitbar und konnte sich gut gegen Männer durchsetzen. Der Fische-Neptun zeigt sich bei ihr vor allem in der „Erlebnis-Lust" und in der Auflösung der damals üblichen Frauen-Rolle.

Charles de Faucauld war ein Unterleutnant, Jesuit, Forscher und Schriftsteller. Er verpraßte zunächst sein beträchtliches Erbe mit Prostituierten und mit Sauf- und Freßgelagen. Er hatte zunächst als Jugendlicher jeglichen Glauben an Gott verloren, studierte dann aber intensiv Judentum, Christentum und Islam. Später wurde er zu einem extremen Asketen. Er soll am 15. Mai 2022 heiliggesprochen werden.

Robert Baden-Powell ist ein vielfach geehrter britischer General und der Gründer der Pfadfinder-Bewegung. Er war auch ein ausgezeichneter Schauspieler, Zeichner und Torhüter. Er strebte danach, die Soldaten und später die Pfadfinder eigenständig zu machen und sich in kleinen Gruppen zu organisieren und gegenseitig helfen zu können. Unter anderem lehrte er allen Erste Hilfe. Sein Handlungsprinzip war, daß er dadurch glücklich wurde, wenn er andere glücklich machen konnte – eine typische Haltung des Fische-Neptuns.

Alfred von Tirpitz war ein deutscher Politiker und als Großadmiral der Gründer der deutschen Hochseeflotte – die Flotte ist ein typisches Motiv des Fische-Neptuns.

Alfred Dreyfus war ein französischer Offizier, der ungerechtfertigterweise wegen Landesverrats verurteilt worden ist.

Pierre Curie entdeckte die Piezoelektrizität, die Radioaktivität und einige andere Phänomene, die alle gemeinsam haben, daß sie kollektiv (Fische) von der Gesamtheit der Atome in einem Stoff (Neptun) ausgehen.

Heinrich Hertz ist der Entdecker der elektromagnetischen Wellen. Die Unsichtbarkeit dieser Wellen (wenn sie nicht gerade im Licht-Spektrum auftreten) sind eine Seite des Fische-Neptuns.

Henri Poincaré war ein Mathematiker, Physiker, Astronom und Philosoph. Er hat in diesen Bereichen nach dem Wesentlichen gesucht, also nach dem Gesamtzusammenhang (Neptun) in der großen Vielfalt und Weite.

Montesquieu war ein Schriftsteller, Philosoph, Soziologe und Staatstheoretiker. Er hat als einer der ersten das Volk als wesentliches Element seiner Betrachtungen genommen.

Robert Louis Stevenson war ein Schriftsteller, der vor allem Abenteuerromane wie „Die Schatzinsel" geschrieben hat, in der die exotischen Welten (Neptun) beschrieben wurden, in die das Schicksal den Helden verschlägt (Fische). Sein Roman „Der seltsame Fall des Dr. Jekyll und Mr. Hyde" löst die Grenzen des Gewohnten auf und zeugt von einer guten Kenntnis der menschlichen Psyche.

August Strindberg war ein Schriftsteller. Er hat sich intensiv mit Wissenschaft, Religion und Okkultismus (Fische-Neptun) befaßt.

Georg Friedrich Händel war ein extrem schöpferischer Barock-Komponist, der in allen Bereichen der damaligen Musik kreativ war.

Gustav Mahler war ein Musiker (Fische) der Romantik (Neptun), Dirigent und Operndirektor.

Weitere Personen mit dem Neptun im den Fischen im 1. Haus sind: James Ensor, Stanislas de Guaita, Ferdinand Hodler, Emmeline Pankhurst und Wilhelm der Schweigsame.

g) Neptun, Romantik und Magie

Nach diesen etwas ausführlicheren astrologischen Betrachtungen zum Neptun stellt sich die Frage, wann der Neptun zur Romantik und zur Magie führt.

In den Biographien zeigt sich zunächst einmal nur, daß es alle denkbaren Kombinationen der verschiedenen Neptun-Aspekte, d.h. Religion, Mystik, Magie, Schauspiel, Musik, Sozialengagement, Forschung, Modeln, Drogen usw. gibt. Diese verschiedenen Neptun-Aspekte sind zunächst einmal Facetten des Themas der Grenzauflösung.

Die Antwort auf die Frage, was dazu führt, daß eine Neptun-Betonung im Horoskop auch zu einer Beschäftigung mit Magie und ähnlichen Themen führt, ist schon deshalb recht schwierig, weil eine romantische Neigung und ebenso ein Interesse für esoterische, magische, spirituelle, okkulte oder religiöse Themen in Biographien nicht unbedingt in Erscheinung tritt, wenn diese Neigungen und Interessen eher im privaten Bereich bleiben.

Generell kann man zumindestens vermuten, daß zum einen eine Neigung zur Introversion und zum anderen magisch-religöse Erlebnisse den Hang zur Magie deutlich verstärken. Außerhalb der traditionellen Religionen kann man zudem davon ausgehen, daß eine Neigung zur Introversion dazu führt, daß die betreffenden Menschen und ihre Beschäftigung mit Magie u.ä. keinem größeren Personenkreis bekannt werden. Lediglich dann, wenn der Betreffende ein Priester innerhalb einer etablierten Religion ist, besteht die Chance, daß seine magischen Fähigkeiten als Wunder o.ä. einer größeren Öffentlichkeit bekannt werden.

Weitestgehend dasselbe gilt auch für die Romantik. Wenn der Romantiker nicht gerade zu einem berühmten Schriftsteller oder Dichter wird, bleibt seine Romantik in der Regel in der Öffentlichkeit unbemerkt.

Bei anderen Neptun-Aspekten wie dem Sozialengagement oder der Schauspielerei ist dies völlig anderes – diese Aspekte sind ausgesprochen extrovertiert und daher in der Öffentlichkeit beinahe unübersehbar.

4. Lebenskraft

In der Magie ist die Lebenskraft ein zentraler Begriff. Sie ist die „Substanz", die Bewußtsein und Materie verbindet. Man kann die Lebenskraft auch etwas neutraler als den Übergang zwischen Bewußtsein und Materie bezeichnen, da „Substanz" schließlich ein Begriff ist, der sich auf die Materie bezieht.

Die Lebenskraft hat mehrere Aspekte: Sie bildet die Grundlage für magische Phänomene, sie ist die „Substanz" der Psyche und der Geister, sie ist der Bereich der Gottheiten und sie ist die „Kraft", auf der die Analogie-Wirkungen wie in der Magie und in der Astrologie beruhen.

Wenn die Romantik (und in der Astrologie der Neptun) nun eine Ausweitung und Auflösung der Grenzen ist, dann ist die Lebenskraft der Bereich, in dem diese Ausweitung und Grenzauflösung stattfindet.

Daraus ergibt sich wiederum, daß die Romantik zu einem großen Teil aus der bewußten oder unbewußten Wahrnehmung der Lebenskraft besteht, durch die sich wiederum das Bewußtsein des Betreffenden weitet – was dann als das „romantische Gefühl" erlebt wird.

Diese Weitung kann auf vielfältige Weise bzw. in vielen verschiedenen Bereichen erlebt werden, aber das „romantische Grundgefühl" ist immer sehr ähnlich:

- Man ist frisch verliebt und die ganze Aufmerksamkeit ist bei dem geliebten Menschen. Man löst sozusagen die eigene Grenze zu dem anderen Menschen hin auf. Dadurch scheint man mehr Lebenskraft zu erhalten – frisch verliebt braucht man kaum noch Schlaf und Nahrung.

- Man ist in der Natur und spürt den Wind, riecht den Wald, hört das Rauschen der Meereswogen und öffnet sich diesen Wahrnehmungen und läßt sich von ihnen erfüllen.

- Man ist im Zirkus, im Varieté oder im Kino und taucht ganz in die Vorführung bzw. die fremde Welt ein und geht ganz in ihr auf.

Das, was diese Beispiele alle gemeinsam haben, ist die „hingebungsvolle Aufmerksamkeit". Es handelt sich nicht um eine gezielte „Wahrnehmungs-Übung" wie es sie in der Magie zuhauf gibt, sondern um eine spontan erhöhte Wahrnehmungs-Intensität, die aus einem inneren Antrieb heraus entsteht.

Diese spontane Wahrnehmungs-Erweiterung hat eine ganz andere Dynamik als die geplante Wahrnehmungs-Erweiterung: Sie ist mühelos und freudevoll und begeistert. Die magischen Imaginations- und Wahrnehmungs-Übungen sind hingegen eher anstrengend, mühsam und wenig beliebt. Der Unterschied zwischen beidem ist, daß es sich bei der Romantik um einen inneren Impuls handelt, dem man folgt, während die Magie-Übungen auf einem äußerem Konzept beruhen, dem man zu folgen versucht.

Diesen Unterschied kann man sich zunutze machen. Den meisten Menschen fällt es schwer, sich immer wieder hinzusetzen und Imaginations- und Wahrnehmungs-Übungen durchzuführen. Wenn man jedoch ein Problem hat, fällt es fast allen Menschen leicht, alleine oder zu zusammen mit einem erfahrenen Menschen eine Traumreise zu diesem Thema zu unternehmen: Das Problem stellt die Motivation.

Wenn man nun des öfteren Traumreisen durchführt, wird man feststellen, daß auch die eigene Wahrnehmungsfähigkeit immer besser wird und daß es einem sogar einfacher fällt, Dinge zu imaginieren.

Wenn man Magie erlernen will und dabei einem „Lernkonzept" folgt, wird die Angelegenheit zu mühsamer Arbeit, weil die Motivation zu abstrakt und kopflastig ist. Wenn man hingegen Telepathie nur dann „übt", wenn man seinen Haustürschlüssel wiederfinden will, oder die eigene Wahrnehmung ausweitet, wenn man erfassen will, warum man auf einmal Knieschmerzen hat oder warum man jetzt in einem Monat schon viermal krank geworden ist, hat man eine ganz konkrete und lebendige Motivation im eigenen Inneren.

Und wenn man dann mit dieser Methode auch noch den Haustürschlüssel wiedergefunden, die Knieschmerzen behoben und die Ursache für die vier Krankheiten in einem Monat gefunden hat, wird man diese telepathische Wahrnehmung als ein praktisches Alltags-Werkzeug in sein Leben aufnehmen. Theoretische Konzepte und weltanschauliche Überlegungen stören bei dieser Haltung zwar nicht groß, aber sie spielen dabei auch keine wesentliche Rolle.

Die magischen Fähigkeiten können am einfachsten wachsen, wenn man sie genauso unspektakulär und selbstverständlich verwendet, wie Hören, Sehen und Riechen. Dabei ist es wichtig, stets auf der Erfahrung aufzubauen: Was kann ich und was nicht, und wie ist das, was ich kann, am effektivsten?

Um dies einmal mit einem sehr schlichten Beispiel zu illustrieren: Wenn ich bisher Nägel immer mit meinem Daumen in die Wand gedrückt habe und dann jemand kommt und mir den Gebrauch eines Hammers vorführt, werde ich das nächste mal, wenn ich in meinem Zimmer ein Bild aufhängen will, gleich zum Hammer greifen. Mit dem Hammer geht es schneller und einfacher …

Auf diese Weise wachsen auch die magischen Wahrnehmungs- und Handlungs-Fähigkeiten am besten. Man erprobt sie dann, wenn man gerade Bedarf danach hat – wenn man seinen verlorenen Haustürschlüssel wiederfinden will oder einen günstige Mietwohnung herbeirufen will.

Dieses Element nicht nur der Freiwilligkeit, sondern des inneren Impulses zu einer

Wahrnehmung oder Handlung ist auch das Wesen der Romantik: Sie ist immer freiwillig und entsteht aus einem inneren Impuls heraus.

Dabei regt sich die eigene Lebenskraft, die auf die Lebenskraft im Außen reagiert: auf die Ausstrahlung der Freundin, auf das Rauschen des Waldes oder auf die Handlung in dem Kino-Film.

Man kann sich diesen Vorgang der Wahrnehmungs-Ausweitung einmal an einem einfachen Beispiel veranschaulichen:

Man sitzt nach einem Spaziergang oder auf einer Wanderung auf einer Bank am Wegesrand und blickt über die Felder und Weiden zum Wald hinüber und hört einen Bach rauschen. Nach und nach verblassen – ohne daß man etwas dazu tut – alle Gedanken und man ist nur noch im Genießen des Augenblicks, man ist ganz von der Wahrnehmung erfüllt.

Man sieht die Abendsonne auf der Rinde einer alten Eiche und fühlt, wie man mit Wärme erfüllt wird ... Man betrachtet einen Grashalm vor sich und hat auf einmal den Eindruck, daß er wie zu leuchten beginnt ... Man schaut den langsam dahin-ziehenden Wolken zu und spürt auf einmal den „Geschmack" der Wolken ... Man hört im Wald eine Raben rufen und antwortet ihm spontan mit Raben-Rufen und der Rabe ruft zurück und es entsteht ein Gespräch mit dem Raben ... Man schaut auf die Abendrot-Wolken und auf einmal spürt man, wie man zu lächeln beginn ... Man schaut und man lauscht und man schnuppert nach den Düften in dem lauen Wind-hauch und schließlich kommt dieses Honigkuchenpferd-Grinsen, daß keinen konkre-ten Grund hat, aber einen selber bis ins Herz hinein erfaßt – man hat zu strahlen begonnen ohne irgendetwas dafür getan zu haben ... Man ist angekommen ...

Vielleicht weitet sich diese Form der Wahrnehmung, der Weitung, der Anteilnahme und des Erfülltseins zu Hellsehen, zu Baumgesprächen oder ähnlichem weiter – aber das ist nicht das eigentlich Wichtige. Das Wichtige ist dieses Strahlen, das entsteht, wenn man in die Lebenskraft hineinspürt – ohne Absicht, spontan, fließend genießend ...

5. Stille

Das vorige Kapitel klingt möglicherweise ein wenig so, als müsse man auf romantische Situationen warten, um seine magischen Fähigkeiten wachsen lassen zu können. Man kann jedoch jederzeit Telepathie und Telekinese anwenden, wenn man etwas Konkretes erreichen will – die ständige Anwendung einer Fähigkeit fördert das Niveau dieser Fähigkeit.

Es gibt aber durchaus auch Möglichkeiten, den romantischen Situationen mehr Raum im eigenen Leben zu geben. Die naheliegenden Möglichkeiten sind Treffen mit geliebten Menschen, Spaziergänge in der Natur, das Musik-Improvisieren und ähnliche Tätigkeiten.

Es gibt jedoch auch eine generelle „Vorübung", wenn man dies denn so nennen will: das Schweigen.

Wenn man seine Wahrnehmung erweitern will, muß man zunächst einmal aufmerksam auf das werden, was man wahrnehmen will, d.h. man muß still werden. Die Intensität dieser Aufmerksamkeit hängt natürlich von der Motivation für das Streben nach dieser Wahrnehmung ab. Auf jeden Fall richtet man das eigene Bewußtsein auf das aus, was man wahrnehmen will.

Wenn diese aufmerksame Ausrichtung spontan erfolgt, ist sie mühelos: bei der Begegnung mit einem geliebten Menschen, bei der Andächtigkeit in der Natur oder in einem Tempel, bei dem Eintauchen in einen Film usw.

Die Fähigkeit der inneren Stille ist somit eine Voraussetzung für die Möglichkeit, Romantik zu erleben – und die eigene Wahrnehmung auf den Magie-Bereich der Telepathie zu erweitern.

Diese innere Stille ist auch die zentrale Übung im Zen-Buddhismus: Man hört auf zu denken, sich etwas vorzustellen, zu fühlen oder etwas zu wollen. Das klingt schwierig, aber wenn man es einmal gefunden hat, ist es etwas ganz schlichtes und einfaches. Man kann das gut mit dem Erlernen des Fahrradfahrens vergleichen: Zunächst sieht es ein bißchen absurd aus, daß Menschen auf solch einem wackligen und auch noch dahinrollenden Gestell sitzen und nicht sofort umfallen, aber wenn man „den Trick raus hat", ist es ganz leicht.

Dieses innerliche Schweigen ermöglicht auch eine deutlich intensivere Selbstwahrnehmung. Zunächst ist man im Schweigen einfach das eigene Bewußtsein, daß sich seiner selber bewußt ist. Nach einer Weile kann man jedoch erleben, daß das Bewußtsein auch eine Tiefe hat und daß in dieser Tiefe Wahrnehmungen möglich sind, die über die normale Wahrnehmung hinausgehen. Vor allem aber wird nach einer Weile im Schweigen eine Fülle sichtbar und fühlbar, die sozusagen zu einem gegenstandslosen Glück führt, zu einem grundlosen Lächeln und Strahlen.

Dieser Glücks-Zustand entsteht dadurch, daß sich die Alltags-Psyche im Schweigen wieder an die Seele anschließt, also an die Essenz des eigenen Wesens, an das, was sich in einem selber inkarniert hat. Dieses Einschwingen der Psyche auf die eigene Seele weitet die Grenze des Bereiches, den man als seine eigene Identität erlebt.

Dieses grundlose Glück, das aus dem Kontakt zur eigenen Seele entsteht, ist die Quelle des Lächelns der indischen und tibetischen Buddhas und auch der altägyptischen Statuen. Dieses Glück und dieses Lächeln entstehen aus der Auflösung der Grenze zwischen Psyche und Seele. Das ist sozusagen eine „Seelen-Romantik".

Die Stille zeigt sich in noch einem anderen Bereich bzw. genauer gesagt auf eine andere Weise, die der Mahasiddha Maitrepa als „sich ins Hier und Jetzt hinein entspannen" beschrieben hat. Eine Freundin von mir hat diesen Zustand einmal als „Normal Null" umschrieben.

Diesen Zustand kann man oft bei Tieren beobachten, die einfach dastehen, dasitzen oder daliegen ohne etwas zu tun. Sie streben gerade nach nichts und wollen auch gerade nichts. Noch deutlicher ist dieser Zustand natürlich bei Pflanzen oder gar bei Steinen. Über die Steine sagen die Dakota-Indianer, daß sie die weisesten aller Wesen sind, denn sie sind jederzeit genau das, was sie sind. Man kann natürlich auch als Mensch anstreben, sich selber genauso treu zu sein, wie sich Steine selber treu sind.

Das beginnt ganz einfach mit dem Innehalten. Wo bin ich? Was nehme ich wahr? Wie fühlt sich das an? Dabei sollte man nach nichts Bestimmtem streben und auch nichts Bestimmtes erwarten, sondern einfach sehen, was ist.

Man könnte diese Haltung als „auf den Boden kommen" oder als „erden" umschreiben. Man hält an und wird sich dessen bewußt, was gerade in einem und um einen herum ist. Man kommt zurück auf „Normal Null". Der Augenblick wird zu dem bewußten Hier und Jetzt.

Das bedeutet keineswegs, daß man eigene Impulse bremsen oder gar auflösen sollte. Es geht lediglich darum, immer wieder einmal ganz wach und präsent zu werden, einmal kurz alles loszulassen und dann zu schauen, was wirklich da ist – sowohl innen wie auch außen. Das, was wirklich da ist, ist auch immer noch da, wenn man es losgelassen hat …

Dieses „Normal Null" ist im besten Sinne eine Ernüchterung, ein Ankommen, ein Loslassen von Vorstellungen und Konzepten – man kommt ins Leben und Erleben zurück.

Nach einer Weile wird dieses „Normal Null" dann wieder zu einem Ausgangspunkt für eine Wahrnehmung oder eine Handlung – schließlich geht es ja nicht darum, eine ständige Passivität zu erlangen, sondern lediglich darum, nicht den bewußten, wachen Kontakt zur Welt und zu sich selber zu verlieren.

Dieser Zustand findet sich an noch einer anderen Stelle: Wenn man etwas erlebt und sofort darauf reagiert, handelt man reflexhaft nach den Mustern, die in einem selber schon vorhanden sind. Auf diese Weise entsteht nicht Bewußtes und auch nichts Neues – und jemand, der geschickt im Manipulieren ist, kann einen solchen „Reflex-Menschen" jederzeit lenken, indem er ihm die Dinge sagt oder die Dinge tut, die bei dem „Reflex-Menschen" die Reaktionen hervorrufen, die der Manipulierende erreichen will. Das ist u.a. in der Politik sehr beliebt.

Das läßt sich jedoch leicht ändern: Man braucht nur zwischen Reiz und Reaktion einen Augenblick innezuhalten. Dieser Augenblick des Innehaltens ermöglicht eine Bewußtwerdung, ein Eingreifen des Ichs, eine Entscheidung, ein eigenständiges und selbstbestimmtes Handeln.

Auch hier ist es wieder der Augenblick der Stille, der die bewußte Wahrnehmung auf sich selber und auf die äußere Situation ermöglicht.

Wenn man im guten Sinne „erwachsen" werden will, sollte man lernen, gezielt diese Pausen des Schweigens zu erlernen …

Die Romantik ist offenbar das, was sowohl die Magie als auch eine eigenständige Lebensführung möglich macht. Ohne die Wahrnehmung des eigenen inneren Zustandes und der äußeren Umstände sind keine Entscheidungen und Handlungen möglich, die das eigene Wohl fördern.

6. Chakren

Man kann die Romantik und die Magie auch in Bezug auf die Chakren betrachten. Die sieben Hauptchakren teilen sich in vier Gruppen ein:

1. Das Herzchakra ist das Zentrum des Chakrensystems. In ihm liegt die Individualität.

2. Das unterhalb des Herzchakras folgende Sonnengeflecht und das oberhalb des Herzchakras folgende Halschakra sind die beiden Chakren des hemmungslosen Selbstausdrucks. Sie sind daher die beiden emotionalen Chakren.
   a) Das Sonnengeflecht in der unteren Chakren-Dreiergruppe enthält den hemmungslosen physischen Selbstausdruck.
   b) Das Halschakra in der oberen Chakren-Dreiergruppe enthält den hemmungslosen sozialen Selbstausdruck.

3.Das unterhalb des Sonnengeflechts folgende Hara und das oberhalb des Halschakras folgende Dritten Auges sind die beiden Chakren der konkreten Orientierung. Sie sind daher die beiden Form-Chakren.
   a) Das Hara in der unteren Chakren-Dreiergruppe enthält den inneren, physischen Halt.
   b) Das Dritte Auge in der oberen Chakren-Dreiergruppe enthält die äußere Orientierung in der Welt.

4. Das unterhalb des Haras folgende Wurzelchakra und das oberhalb des Dritten Auges folgende Scheitelchakra sind die beiden Chakren des Kontaktes. Sie sind daher die beiden Chakren des Erlebens.
   a) Das Wurzelchakra in der unteren Chakren-Dreiergruppe enthält den physischen Kontakt.
   b) Das Scheitelchakra in der oberen Chakren-Dreiergruppe enthält den sozialen und geistigen Kontakt.

Die Chakren sind vom Herzchakra nach außen hin eine logische Folge der Selbstentfaltung:

1. Identität im Herzchakra

2. Die Identität wird im Sonnengeflecht und im Halschakra zu einem allgemeinen Wunsch, zu einem allgemeinen Gefühl, zu einem allgemeinen

Impuls. Dies ist die Kraft, die einen Wunsch zur Verwirklichung bringen kann. Deshalb ist es generell, aber auch speziell in der Magie wichtig, hemmungslos zu wünschen und sich nicht durch vermeintliche „Unmöglichkeiten" in seinem Wünschen einschränken zu lassen. Weiterhin ist es wichtig, zunächst nichts konkret zu wünschen („Beziehung mit X"), sondern allgemein zu wünschen („glückliche Beziehung").

3. Dieser allgemeine Wunsch wird dann im Hara und im Dritten Auge zu einem konkreten Wunsch, den man im Außen koordiniert, plant, umsetzt usw.

4. Schließlich führen die Aktivitäten in den bereits genannten fünf inneren Chakren dazu, daß es im Scheitelchakra und im Wurzelchakra zu einem konkreten Kontakt und Erlebnis kommt.

Der Neptun gehört zum Sonnengeflecht und zum Halschakra, da er wie diese beiden Chakren emotional, abgrenzungslos und hemmungslos ist. Zudem ist die Grenzauflösung des Neptun die Grundlage der magischen Wahrnehmung (Telepathie) und der magische Handlung (Telekinese). Dasselbe gilt auch für das Sonnengeflecht und das Halschakra, da das allgemeine und daher auch hemmungslose und grenzenlose Wünschen die Kraft hinter jeder Form der Magie ist.

Das hemmungslose und abgrenzungslose Fühlen im Sonnengeflecht und im Halschakra ist offensichtlich auch der Romantik verwandt, die ja ebenfalls emotional, hemmungslos und grenzauflösend ist. Die Romantik ist im Gegensatz zur Magie allerdings zu einem großen Teil wahrnehmend. Bei genauerer Betrachtung liegt in den romantischen Gefühlen allerdings auch ein Impuls des betreffenden Menschen zu einem anderen Menschen hin, in die Natur hinaus usw.

Es gibt im Zusammenhang mit den Chakren noch einen weiteren interessanten Aspekt bezüglich der Romantik und der Magie.

Das Grundgefühl des Herzchakras ist Glück, das Grundgefühl des Wurzelchakras ist Lust und das Grundgefühl des Scheitelchakras ist Freude. Glück ist die ungehinderte Wahrnehmung der eigenen Identität, Lust ist die ungehinderte Wahrnehmung des körperlichen Kontakts und Freude ist die ungehinderte Wahrnehmung des geistigen Kontakts.

Wenn nun die Impulse im Menschen in seiner Identität (Herzchakra) beginnen und sich dann in jeweils drei Schritten zum physischen Kontakt (Wurzelchakra) und zum geistigen Kontakt (Scheitelchakra) hin konkretisieren, gibt es offenbar eine Verwandlung des Glücks (Herzchakra) zur Lust (Wurzelchakra) und zur Freude (Scheitelchakra) hin.

Die Romantik und die Magie scheint der erste Schritt von der eigenen Identität

(Herzchakra) zu der Lust (Wurzelchakra) und zu der Freude (Scheitelchakra) hin zu sein, da sie zu dem Sonnengeflecht unterhalb des Herzchakras und zum Halschakra oberhalb des Herzchakras gehören. Dabei wendet sich die Identität, die zunächst in sich ruht, nach außen in die Welt – nach unten hin zum Sonnengeflecht physisch und nach oben hin zm Halschakra geistig.

Die Romantik ist genau dieses „sich (der Lebenskraft) der Welt öffnen" und die Magie ist dieses „etwas (durch die Lebenskraft) in der Welt erschaffen".

7. Magie-Romantik

Es gibt auch eine ganze Reihe von einfachen, konkreten Aspekten der Magie, die man zur Romantik zählen kann. Vermutlich gibt es kaum Magier, die alle diese Aspekte als romantisch empfinden, aber zumindestens einige davon werden die meisten Magier ansprechen.

Zunächst einmal wären da die langen Gewänder: schwarz in den Saturn-Orden, weiß bei den Druiden, im Ägyptischen Stil im Golden Dawn usw. Das Tragen eines solchen Gewandes verändert sofort die Grundstimmung, in der man sich befindet. Derartige Gewänder gibt es in fast allen Religionen und ähnliche „spezielle Kleidung" mit ähnlicher Wirkung gibt es weiterhin auch im Ballett, in der Eurythmie, im thailändischen Tempeltanz und anderen Tanzarten.

Auch manche Orte wie Friedhöfe, halb verfallene Tempel, nächtliche Kreuzwege u.ä. haben eine düstere Form der Romantik und werden in der Magie des öfteren aufgesucht.

Die Herstellung von Talismanen, Amuletten, magischen Ringen, Götterstatuen, Hausgeistern, Zauberstäben, Wünschelruten usw. hat durchaus auch einen romantischen Aspekt.

Weiterhin haben auch alte Bücher, Symbole, Zauberformeln, Zaubertränke, uralte Rituale, Geheimnisse aller Art und ähnliches eine romantische Ausstrahlung.

Magie hat generell etwas mit verborgenen, nicht-physikalischen Wirkungen zu tun und ist somit generell etwas Geheimnisvolles – und Geheimnisse locken …

Weiterhin gibt es auch noch Dinge wie Hypnose, Fernhypnose, Beschwörungen an nächtlichem Kreuzweg und andere Dinge, die alle zusätzlich zu dem Geheimnisvollen auch noch etwas von Abenteuer-Romantik haben.

Geheimbünde, Druiden-Kreise, Magier-Orden, Hexen-Coven, Freimauerer-Bünde, Rosenkreuzer-Logen und ähnliches haben nicht nur etwas Romantisches, sondern sind zusätzlich auch noch eine geheimnisvolle Gemeinschaft, in der es fast immer und für alle noch Bereiche, Mitglieder, Rituale usw. gibt, die noch im Geheimen bleiben.

Nicht zuletzt ist Magie auch noch die Erforschung unbekannter Bereiche und schon daher romantisch. Magie ist nicht zuletzt auch eine große Entdeckungsreise, die eher schlicht mit Telepathie, Telekinese, Tarot und Astrologie beginnen kann und dann über Traumreisen und Vision bis hin zu Begegnungen mit Dämonen, Geistern und Gottheiten führen kann. Vielleicht erlebt man auch Dinge, die man nur noch unter „Wunder" einordnen kann. Auf jeden Fall wird das Leben in einem Ausmaß zu einem Abenteuer, das man sich vorher nicht hat ausmalen können.

Wenn dann Telepathie, Astrologie, das Denken in Analogien, Spukhäuser, erfolgreiche Bitten an Götter u.ä. zu einer Selbstverständlichkeit im eigenen Leben werden, dann hat die Wiederverzauberung des eigenen Lebens begonnen – dann wird das

Leben als Ganzes zu einem romantischen Erlebnis.

Je nach Veranlagung hat diese Magie-Romantik auch einen unscharfen Rand und erstreckt sich z.B. auf alte Burgen, Klöster, Schlösser und Parks.

Auch Fantasy-Romane gehören zu diesen geheimnisvollen Bereichen – egal, ob die Magie in diesen Romanen realistisch beschrieben wird oder nicht.

Novalis hat die Romantik auf schlichte und zugleich markante Weise beschrieben:

> *„Die Welt romantisieren heißt, sie als Kontinuum wahrzunehmen, in dem alles mit allem zusammenhängt. Erst durch diesen poetischen Akt der Romantisierung wird die ursprüngliche Totalität der Welt als ihr eigentlicher Sinn im Kunstwerk ahnbar und mitteilbar."*

Ein anderer Aspekt der Magie wird in einem Song der Gruppe „Novalis" beschrieben.

Der Text ist ein von Carlo Carges umgeschriebenes Gedicht von Novalis:

> *„Wer Schmetterlinge lachen hört,*
> *Der weiß, wie Wolken schmecken;*
> *Der wird im Mondschein ungestört*
> *Von Furcht die Nacht entdecken;*
>
> *Der wird zur Pflanze, wenn er will,*
> *Zum Tier, zum Narr, zum Weisen;*
> *Und kann in einer Stunde*
> *Durchs ganze Weltall reisen."*

8. Selbsterkenntnis

Da die Romantik und mit ihr verbunden auch die Magie zu dem Sonnengeflecht und dem Halschakra gehören und somit eng mit der Identität im Herzchakra verbunden sind, dessen direkter allgemeiner Ausdruck Sonnengeflecht und Halschakra sind, sind die Romantik und die Magie auch eng mit der Selbsterkenntnis verknüpft.

Diese Selbsterkenntnis bezieht sich zunächst auf die Seele im Herzchakra, aber dann auch auf das Krafttiere, die Kraftpflanze und den Kraftstein, die sich in Resonanz zu dem Charakter der Seele und der Absicht für das derzeitige Leben an den Menschen für dessen ganzes Leben „anlagern". Man kann daher auch die Kenntnis des eigenen Krafttiers, der Kraftpflanze und des Kraftsteins zu den romantischen Erlebnissen zählen.

Spätestens dann, wenn man mit diesen drei Verbündeten vertrauter wird und ihre Eigenschaften und Fähigkeiten im eigenen Leben nutzen kann, erlebt man im Kontakt mit ihnen eine deutliche Weitung und Grenzauflösung und wird vorübergehend zu dem Krafttier, zu der Kraftpflanze und zu dem Kraftstein.

Je selbstverständlicher man in seinem eigenen Wesen, d.h. in der eigenen Seele ruht, desto einfacher wird die formlose Magie, die einfach durch hemmungslose Wünsche und durch von Vorfreude erfüllte Tagträume in Gang gesetzt wird. Diese Form der Magie hat das Glück und die Liebe im Herzchakra als Essenz. Dies ist ein Glück, das nichts braucht, und eine Liebe, die sich auf nicht bezieht. Man ist einfach da – das ist sowohl magisch am wirksamsten als auch die Wurzel, die Blüte und die Frucht der Romantik.

J.K. Rowling hat diesen Zustand in „Die Heiligtümer des Todes" sehr treffend als „nah am Herzen aller Dinge sein" umschrieben.

- - -

Es gibt natürlich nicht nur eine Art von Magie-Romantik, denn ein jeder ist anders, hat eine andere Biographie, ein anderes Horoskop, andere Vorlieben ... Daher ist es notwendig, die eigene Form der Magie-Romantik zu finden – sofern man zur Magie neigt (wovon man bei den Lesern dieses Buches vermutlich ausgehen kann).

Man hat die richtige Form der Magie-Romantik gefunden, wenn diese dazu führt, daß man immer öfter grundlos lächelt, sich erfüllt fühlt und einfach „da ist" ...

Bücher von Harry Eilenstein

- The Synthesis of Physics and Magic (192 p.)
- Telepathy for Beginners (60 p.)
- Telepathy for Advanced Learners (52 p.)
- Telekinesis for Beginners (56 p.)
- Life Force for Beginners (76 p.)
- Kundalini for Beginners (104 p.)
- Astral Projection for Beginners (60 p.)
- Meditation for Beginners (60 p.)
- Prophecy for Beginners (60 p.)
- Ritual Magic for Beginners (64 p.)
- Magic Chant for Beginners (108 p.)
- Invocations for Beginners (52 p.)
- Evocations for Beginners (62 p.)
- Auto-Movement for Beginners (60 p.)
- Elves for Beginners (56 p.)
- Hypnosis for Beginners (56 p.)
- Love Magic for Beginners (52 p.)

- Money Magic for Beginners (60 p.)
- Magic Objects for Beginners (64 p.)
- Shamanism for Beginners (52 p.)
- Chakra-Magic for Beginners (148 p.)
- Language of the Moon – for Beginners (128 p.)
- Self Knowledge for Beginners (60 p.)
- Da'ath-Magic for Beginners (64 p.)
- Astrology for Beginners (112 p.)
- Number Symbolism for Beginners (64 p.)
- Mandalas for Beginners (76 p.)
- Crop Circles for Beginners (344 p.)
- Feng Shui for Beginners (96 p.)
- Magic Research for Beginners (140 p.)

- Magic for Beginners – Anthology I (636 p.)
- Magic for Beginners – Anthology II (616 p.)
- Magic for Beginners – Anthology III (684 p.)
- Magic for Beginners – Anthology IV (580 p.)

Religion allgemein
- Die sieben Schritte des Lebens (428 S.)
- Muttergöttin und Schamanen (168 S.)
- Totempfähle (440 S.)
- Der Urriese (168 S.)

Jungsteinzeit
- Göbekli Tepe (472 S.)
- Die Göttin von Göbekli Tepe (144 S.)

Ägypten
- Hathor und Re 1: Götter und Mythen im Alten Ägypten (432 S.)
- Hathor und Re 2: Die altägyptische Religion – Ursprünge, Kult und Magie (396 S.)
- Isis (508 S.)

Christentum
- Christus (60 S.)
- Die Biographie des Teufels (144 S.)

Indogermanen
- Die Entwicklung der indogermanischen Religionen (700 S.)
- Wurzeln und Zweige der indogermanischen Religion (224 S.)

Griechen
- Pan (336 S.)
- Poseidon (668 S.)

Inder
- Dakini (80 S.)
- Vajra (76 S.)

Germanen
- Die Götter der Germanen (87 Bände – siehe nächste Seite)
- Odin (300 S.)

Kelten
- Cernunnos (690 S.)
- Taliesin (228 S.)
- Der Kessel von Gundestrup (220 S.)
- Der Chiemsee-Kessel (76)

Psychologie
- Über die Freude (100 S.)
- Das Geheimnis des inneren Friedens (252 S.)
- Das Beziehungsmandala (52 S.)
- Gefühle und ihre Verwandlungen (404 S.)
- einsgerichtet (140 S.)
- Liebe und Eigenständigkeit (216 S.)
- Von innerer Fülle zu äußerem Gedeihen (52 S.)

Heilung
- Die Symbolik der Krankheiten (76 S.)

Kunst
- Herz des Tanzes – Tanz des Herzens (160 S.)
- Die Wurzeln der Kunst (60 S.)
- Wege zur Musik-Improvisation (32 S.)

Drama
- König Athelstan (104 S.)

„Magie für Anfänger"	**„Traumreisen"**
- Telepathie für Anfänger (60 S.)	- Traumreisen zu Heilpflanzen (700 S.)
- Telepathie für Fortgeschrittene (52 S.)	**Magie**
- Telekinese für Anfänger (52 S.)	- Handbuch für Zauberlehrlinge (408 S.)
- Analogien für Anfänger (56 S.)	- Tarot (104 S.)
- Lebenskraft für Anfänger (60 S.)	- Physik und Magie (184 S.)
- Meditation für Anfänger (56 S.)	- Die Synthese von Physik und Magie (200S.)
- Kundalini für Anfänger (100 S.)	- Die Magie-Formel (156 S.)
- Hypnose für Anfänger (56 S.)	- Schwarze Löcher in der Magie (56 S.)
- Auto-Movement für Anfänger (56 S.)	- Krafttiere – Tiergöttinnen – Tiertänze (112 S.)
- Chakra-Magie für Anfänger (148 S.)	- Schwitzhütten (524 S.)
- Astralreisen für Anfänger (56 S.)	- Mythen und Magie der Harfe (116 S.)
- Astrologie für Anfänger (120 S.)	- Drei Adeptus Major Rituale (192 S.)
- Silberschnüre für Anfänger (52 S.)	**Meditation**
- Zaubersprüche für Anfänger (60 S.)	- Der Lebenskraftkörper (230 S.)
- Ritual-Magie für Anfänger (56 S.)	- Die Chakren (100 S.)
- Mandalas für Anfänger (68 S.)	- Das Chakren-System mit den Nebenchakren (296S.)
- Geldzauber für Anfänger (56 S.)	- Organe und Chakren (64 S.)
- Liebeszauber für Anfänger (52 S.)	- Die platonischen Körper in den Chakren (156 S.)
- Invokationen für Anfänger (52 S.)	- Meditation (140 S.)
- Evokationen für Anfänger (60 S.)	- Drachenfeuer (124 S.)
- Geister für Anfänger (52 S.)	- Kundalini I (676 S.)
- Elfen für Anfänger (56 S.)	- Kundalini II (672 S.)
- Magie-Forschung für Anfänger (140 S.)	- Reinkarnation (156 S.)
- Magie-Romantik für Anfänger (60 S.)	- einsgerichtet (140 S.)
- Selbsterkenntnis für Anfänger (52 S.)	**Astrologie**
- Einweihungen für Anfänger (60 S.)	- Astrologie (496 S.)
- Drogen-Kabbala für Anfänger (216 S.)	- Photo-Astrologie (428 S.)
- Zahlensymbolik für Anfänger (60 S.)	- Die astrologischen Aspekte (88 S.)
- Die Sprache des Mondes – für Anfänger (116 S.)	- Horoskop und Seele (120 S.)
- Zaubergesänge für Anfänger (100 S.)	**Kabbala**
- Zukunftschau für Anfänger (60 S.)	- Kursus der praktischen Kabbala (150 S.)
- Schamanismus für Anfänger (52 S.)	- Eltern der Erde (450 S.)
- Schwitzhütten für Anfänger (52 S.)	- Blüten des Lebensbaumes:
- Magische Gegenstände für Anfänger (68 S.)	- Die Struktur des kabbalistischen
- Zaubertränke für Anfänger (64 S.)	Lebensbaumes (370 S.)
- Magie-Gesten für Anfänger (252 S.)	- Der kabbalistische Lebensbaum als
- Da'ath-Magie für Anfänger (64 S.)	Forschungshilfsmittel (580 S.)
- Kornkreise für Anfänger (348 S.)	- Der kabbalistische Lebensbaum als
- Feng Shui für Anfänger (96 S.)	spirituelle Landkarte (520 S.)
- Tao für Anfänger (112 S.)	
- Magie für Anfänger – Sammelband I (696 S.)	
- Magie für Anfänger – Sammelband II (664 S.)	
- Magie für Anfänger – Sammelband III (580 S.)	
- Magie für Anfänger – Sammelband IV (700 S.)	
- Magie für Anfänger – Sammelband V (676 S.)	
Eilenstein, Frater V.D., Knecht, Büdenbender	**Büdenbender, Eilenstein**
- Magie heute – Berichte aus der Praxis (288 S.)	- Chaos, Alk und Magic (436 S.)
- Living Magic (261 p.)	

Die Themen der 87 Bände der Reihe „Die Götter der Germanen"

1.	Die Entwicklung der germanischen Religion	
2.	Lexikon der germanischen Religion	
3.	Der ursprüngliche Göttervater Tyr	
4.	Tyr in der Unterwelt: der Schmied Wieland	
5.	Tyr in der Unterwelt: der Riesenkönig Teil 1	
6.	Tyr in der Unterwelt: der Riesenkönig Teil 2	
7.	Tyr in der Unterwelt: der Zwergenkönig	
8.	Der Himmelswächter Heimdall	
9.	Der Sommergott Baldur	
10.	Der Meeresgott: Ägir, Hler und Njörd	
11.	Der Eibengott Ullr	
12.	Die Zwillingsgötter Alcis	
13.	Der neue Göttervater Odin Teil 1	
14.	Der neue Göttervater Odin Teil 2	
15.	Der Fruchtbarkeitsgott Freyr	
16.	Der Chaos-Gott Loki	
17.	Der Donnergott Thor	
18.	Der Priestergott Hönir	
19.	Die Göttersöhne	
20.	Die unbekannteren Götter	
21.	Die Göttermutter Frigg	
22.	Die Liebesgöttin: Freya und Menglöd	
23.	Die Erdgöttinnen	
24.	Die Korngöttin Sif	
25.	Die Apfel-Göttin Idun	
26.	Die Hügelgrab-Jenseitsgöttin Hel	
27.	Die Meeres-Jenseitsgöttin Ran	
28.	Die unbekannteren Jenseitsgöttinnen	
29.	Die unbekannteren Göttinnen	
30.	Die Nornen	
31.	Die Walküren	
32.	Die Zwerge	
33.	Der Urriese Ymir	
34.	Die Riesen	
35.	Die Riesinnen	
36.	Mythologische Wesen	
37.	Mythologische Priester und Priesterinnen	
38.	Sigurd/Siegfried	
39.	Helden und Göttersöhne	
40.	Die Symbolik der Vögel und Insekten	
41.	Die Symbolik der Schlangen, Drachen und Ungeheuer	
42.a	Die Symbolik der Herdentiere I	
42.b	Die Symbolik der Herdentiere II	
43.	Die Symbolik der Raubtiere	
44.	Die Symbolik der Wassertiere und sonstigen Tiere	
45.	Die Symbolik der Pflanzen	
46.	Die Symbolik der Farben	
47.	Die Symbolik der Zahlen	
48.	Die Symbolik von Sonne, Mond und Sternen	
49.a	Das Jenseits I – Das Hügelgrab	
49.b	Das Jenseits II – Der Jenseitsweg	
50.	Seelenvogel, Utiseta und Einweihung	
51.	Wiederzeugung und Wiedergeburt	
52.	Elemente der Kosmologie	
53.	Der Weltenbaum	
54.	Die Symbolik der Himmelsrichtungen und der Jahreszeiten	
55.a	Mythologische Motive I	
55.b	Mythologische Motive II	
56.	Der Tempel	
57.	Die Einrichtung des Tempels	
58.	Priesterin – Seherin – Zauberin – Hexe	
59.	Priester – Seher – Zauberer	
60.	Rituelle Kleidung und Schmuck	
61.	Skalden und Skaldinnen	
62	Kriegerinnen und Ekstase-Krieger	
63.	Die Symbolik der Körperteile	
64.a	Magie und Ritual I	
64.b	Magie und Ritual II	
64.c	Magie und Ritual III	
65.	Gestaltwandlungen	
66.a	Magische Angriffs-Waffen	
66.b	Magische Verteidigungs-Waffen	
67.	Magische Werkzeuge und Gegenstände	
68.	Zaubersprüche	
69.	Göttermet	
70.	Zaubertränke	
71.	Träume, Omen und Orakel	
72.	Runen	
73.	Sozial-religiöse Rituale	
74.	Weisheiten und Sprichworte	
75.	Kenningar	
76.	Rätsel	
77.	Die vollständige Edda des Snorri Sturluson	
78.	Frühe Skaldenlieder	
79.a	Mythologische Sagas I	
79.b	Mythologische Sagas II	
80.	Hymnen an die germanischen Götter	